湛庐 CHEERS

与最聪明的人共同进化

HERE COMES EVERYBODY

约翰·戈特曼

他，媒体公认的“婚姻教皇”

他，20 世纪最后 25 年里最具影响力的心理治疗大师

他，人际关系领域最杰出的大师

西雅图爱情实验室走出的 人际关系大师

JOHN
GOTTMAN

“良好的人际关系，指的并不是清晰的沟通，而是一个个亲密无间、相互依恋的美好时刻。”

——约翰·戈特曼

专注 40 年

“爱情实验室”与“婚姻教皇”

美国知名超级畅销书作家马尔科姆·格拉德威尔曾在自己的一本著作中写道：“他是一位个子不高的男士，长着猫头鹰般犀利的眼睛，头发花白，胡须修得整整齐齐。他魅力超凡，总能与人相谈甚欢，每当谈到让他兴奋的话题时，他的眼睛便闪闪发亮，更加炯炯有神。他的身上仍带有 20 世纪 60 年代嬉皮士的范儿，比如他那顶时而扣在犹太编织圆帽上，印有毛主席头像的红军帽。”

马尔科姆笔下的这个人便是全球人际关系领域公认的殿堂级人物——约翰·戈特曼。从 20 世纪 70 年代至今，戈特曼对人际关系、婚姻关系及家庭关系进行了长达 40 年的跟踪研究。1992 年，戈特曼“爱情实验室”公布了堪称史上最大规模的家庭关系研究结论，在这项涉及近 3 000 个美国家庭、700 对新婚夫妇的纵向研究中，戈特曼可以在 5 分钟内判断一对夫妇未来一年内的婚姻状况，准确率高达 91%。

戈特曼“爱情实验室”的门槛被蜂拥而至的媒体踏平，《早安美国》《今日秀》《CBS 早间新闻》《奥普拉脱口秀》《纽约时报》《人物》《今日心理》《西雅图时报》等争相报道戈特曼的神奇预言。有媒体甚至称戈特曼为“婚姻教皇”，拯救了万千陷入危机的家庭。其著作《幸福的婚姻》更是畅销十余年，长期盘踞同类图书榜首，畅销全球 22 个国家，并被《哈佛商业评论》视为商务沟通经典之作。

Legend

用数据说话

大数据时代的亲密关系真相

戈特曼在40年的研究生涯中，始终致力于将人与人之间的关系与行为数据化，并通过建立数学模型达成对行为的预测，其目的在于不断完善独特的戈特曼治疗方法，帮助伴侣消除感情障碍，改善相处模式，加深情感联结，巩固亲密关系。

如今，“爱情实验室”收集到大量关于亲密关系互动行为的数据，成为全球最具权威的亲密关系数据中心。戈特曼亦通过对这些大数据进行的科学研究，发现了两性关系中的许多秘密，而这些秘密正是通往幸福长久的关键。

通过对真实场景下真实亲密关系的研究，戈特曼发现，在一段亲密关系中，男人的所作所为是决定这段关系成功或失败的关键因素。“这个世界的酒吧椅子上坐满了孤独的男人，他们只会守着那些不好笑的烂段子，抱怨着女人们到底出了什么问题。”戈特曼在他的最新著作《爱的沟通：写给男士的科学恋爱指南》中写道，“我们不会告诉你女人有什么问题，我们要解释清楚男人出了什么问题。在女人这件事上，男人要么是个成功者，要么是个失败者。换言之，你要么是个好男人，要么是个笨男人。而我们清楚地知道你想成为哪一种人。”

与罗杰斯、荣格齐名的

心理治疗大师

无论在婚姻、亲子领域，还是在商业、职场中，戈特曼带给人际关系研究的变革是划时代的。在厚黑与潜规则盛行的当下，戈特曼更具科学性的研究让人与人之间的关系回归最真挚且有效的沟通。

约翰·戈特曼在人际关系领域长达 40 年的深探，成就斐然、著作等身，其建构的人际关系模型是心理学领域少有的可预测性数理模型。

2007 年，美国权威心理学刊物《美国心理治疗网络》及《美国心理学家》杂志同时评出过去 25 年里，美国心理治疗师眼中 10 位最具影响力的心理治疗大师，戈特曼赫然在列，与卡尔·罗杰斯、卡尔·荣格共享殊荣。

戈特曼同时收获了美国家庭治疗领域的所有专业大奖。4 次荣获美国心理健康研究院科学研究者奖章，并获美国婚姻与家庭治疗协会杰出科学研究者奖章、美国家庭治疗学会杰出贡献奖、美国心理协会家庭心理学分会会长奖章。

西雅图爱情实验室的心理学报告

爱的沟通
写给男士的科学恋爱指南

幸福的婚姻
男人与女人的长期相处之道

爱的博弈
建立信任、避免背叛与不忠

爱的博弈

建立信任、避免背叛与不忠

What Makes Love Last?
How to build trust and
avoid betrayal

[美] 约翰·戈特曼（John Gottman）
娜恩·西尔弗（Nan Silver） ◎著
穆君 伏维◎译

浙江人民出版社
ZHEJIANG PEOPLE'S PUBLISHING HOUSE

WHAT MAKES LOVE LAST

前 言

爱的毒药与解药

安杰尔：“我想说……”

乔治：“等一下，我还没说完。”

安杰尔：“我想说的是……”

乔治：“你看，这就是我想说的……”

安杰尔：“我知道。因为我不……”

乔治：“你打断我了……”

安杰尔：“我现在必须说……”

乔治：“你等等，因为你打断……”

安杰尔：“我正要说话。”

乔治：“闭嘴！”

安杰尔和乔治新婚不久。他们要面对长时间工作的重负，还要抚养两个婴儿。任何处于这种状况中的夫妻都会面临很大的压力；就算没有心理学研究的经验，你也能看出，安杰尔和乔治这一对是真的遇到麻烦了。他们在我的实验室里吵了起来。他们总在为种种事情争吵：谁工作更辛苦，谁家务活干得更多，甚至谁在什么时候说了什么话。像很多争吵不休的夫妻一样，安杰尔和乔治最终结束了这段婚姻。他们之间的关系既然如此之差，以离婚收场也并不出人意料。我刚认识他们的时候，他们甚至不想看到对方，在一起时就会眉头紧锁。

西雅图的“爱情实验室”

有几年的时间，我邀请像安杰尔和乔治这样的夫妻来实验室参与我的研究。我的实验室被媒体称作“爱情实验室”。它在位于西雅图的华盛顿大学里，是我对“长期婚恋关系”进行科学研究的基地。在通常情况下，我会观察和记录夫妻间日常对话和吵架的内容，以此对他们进行分析。我也会和他们直接交谈，有时是和两个一起，有时是和其中一个。有时我甚至会花一整天时间来观察一对待在“爱情实验室”里的夫妻。实验室里配有沙发、鸳鸯椅、电视和厨房，窗外还有优美湖景，当然也少不了钉在墙上的摄像机，用以记录他们在这里的一切活动（当然，厕所是不会被拍摄的）。通过这些研究，我积累了通常需要 40 年才能获得的数据。这是一座巨大的图书馆，其中的藏书就是夫妻间的对话以及双方在生理上的反应。近年来，我也将实验室开放给那些不想参与研究，只想对其婚姻状况进行科学评估的夫妻。

在安杰尔和乔治这样的夫妻进入实验室后，我会像科学怪人弗兰肯斯坦一样，给他们挂上各种生理感应器和连接线，力图在这对夫妻的生理反应、肢体语言、面部表情和对话中寻找他们的潜在互动。

我最常做的实验是“冲突讨论”：我们会要求一对夫妻就一个彼此产生意见分歧的问题讨论 15 分钟。为了更好地分析他们的面部表情，我又增加了两台摄像机，一台对准一个人。这样，我就能在另一个屏幕上实时观察他们的表情变化。

现在看到一对对夫妻放松下来，将摄像机抛到脑后，毫无顾忌地表达情绪，我已经不会再感到惊讶了。但我发现，和在自己家里时相比，大多数人在实验室里吵架时多少会有所收敛。就算如此，他们的细微反应也逃不过我那些精准的监测设备的耳目。

是什么蚕食了婚姻

多年来，我近距离地观察了很多对夫妻，从中，我总结出了维持良好夫妻关系的7大法则。我已将它们详细地写在《幸福的婚姻》(*The Seven Principles for Making Marriage Work*)[①]一书里。其重点是：重视夫妻间的友谊，接受彼此的影响，在遇到分歧时要保持态度平和。这些法则也同样适用于其他人际关系。但是很多像安杰尔和乔治这样的案例也提醒我，这些法则无法挽救所有千疮百孔的婚姻，因为它们还没有触及问题的核心。我不认为这些婚姻失败的夫妻是“命中注定”的爱情失败者。但要想帮助这些绝望的伴侣，我还需要更透彻地理解他们之间的问题。

在研究或咨询过程中最让我感到困惑不解的是，很多关系欠佳的夫妻言之凿凿地声称他们深爱彼此，对婚姻十分重视——即使他们在“爱情实验室”里对骂“闭嘴”。为什么这么多自认为忠于婚姻的人反而会陷入无休止的争吵呢？这真是一件怪事。吵架不会给他们的婚姻带来任何益处。和婚姻幸福的夫妻相比，他们在吵架时会更难过——然而他们也会更常做爱。

如果说婚姻不幸福的夫妻更常吵架的缘故是他们有更多分歧，一切就容易解释了。还能有比这更符合逻辑的解释吗？不过，我是一名科学家，我知道“显而易见”的结论并不总是正确的。所幸有计算机科学家塔拉·马蒂斯塔(Tara Madhyastha)博士用“隐马尔可夫模型”来统计婚姻不幸福的夫妻间的互动模式。这种计算机建模分析法能在看似纷乱的事实下发现隐藏的规律。她得到的结果指出，那些看起来更像对手而非伴侣的夫妻误入了所谓的**“不良状态吸引”(absorbing state of negativity)**的陷阱——他们进入不良状

① 本书简体中文版已由湛庐文化策划出版。——编者注

态的可能性要远远大于他们从中脱离的可能性。换句话说，他们陷入了消极状态无法脱身，他们没有进入“爱情旅馆”，却在“捕鼠器”里登了记。他们入住之后无法登出，不良状态蚕食了他们的婚姻。

背叛：爱的毒药

有些人误入陷阱不能自拔，有些人却能从容绕过——这其中缘由究竟为何？这正是我近期一系列研究的核心。而现在，我对“婚姻动力学”有了新的理解，并且丰富了改善恋爱关系（而不只是破碎婚姻）的方法。

如果你来我的实验室旁听那些误入陷阱的夫妻吵架，你会发现他们的抱怨各式各样，似乎没什么共同点。而看似不同的夫妻之间竟存在着隐藏的相似性——**他们都自说自话（或者直接叫喊），根本不打算进行交流和沟通**。尽管他们仍然坚守着婚姻的承诺，但已经失去了伴侣间一些最基本的东西——常常被称作“爱情魔力”或“激情”，是一种原始的、动物性的本能。这也是他们在“捕鼠器”中泥足深陷的原因。

现在我意识到，世上存在着一种爱情毒药。它会破坏伴侣间可贵的激情，让他们陷入无尽的痛苦。它是一个怀有害人之心的入侵者，悄悄潜入，削弱那些看似稳固的爱情，直到无可挽回。这种毒药的名字是“背叛”——看到这里，你一定会以为我不过是在陈述显而易见的事实。我承认，背叛会对婚姻或者其他恋爱关系造成伤害，这确实是常识。想想那些抓住你眼球的报纸标题吧——关于艺人或政客偷情、破坏婚姻誓言的小报消息铺天盖地。这种种关于背信和出轨的丑闻正说明了不忠是多么常见，其破坏性是多么巨大。但我将背叛称作“隐性”爱情杀手是有理由的。不忠并不总是表现为出轨；很多时候，人们不认为是“不忠”的事却正是不忠的表现。在我的实验室里，夫妻们常常声称，尽管他们的婚姻面临诸多问题，但他们确实还对彼此保持忠诚。可惜他们错了。背叛是每段失败婚姻或爱情的核心秘密——就算人们没有意识到，它也确实存在于他们内心。比如说，如果丈夫总是将工作放在婚姻之前，这就是对婚姻的背叛；如果妻子说好要生孩子却总是打破约定，这也是对婚姻的背叛……除此之外还有种种破坏性的行为，这些都是背叛的例子。它们对婚姻的伤害，与通奸造成的后果没有什么两样。

信任：爱的解药

背叛是如此危险，又是如此常见，但是希望依旧存在。在分析了这种爱情毒药的成分之后，我已经找到了解药。这种解药，或称“婚恋幸福的基本法则”，就是信任。听起来我似乎又在宣扬显而易见的事实了！婚姻幸福的伴侣们总是告诉我，绝对的信任让他们很有安全感；绝对的信任会加深爱情，促进两人间的友情，甚至会让他们的性生活更富有激情。而婚姻不幸福的伴侣们总抱怨他们之间缺乏信任。似乎所有的夫妻都倾向于认为信任是一种无形之物，不可捉摸也不可计量。事实上，现在的确有方法能在数学上计算出伴侣间信任或背叛的程度，并可用于后续的科学研究。这种新方法让我得以分析出某对夫妻的优势和不足，然后找出解决办法，挽救他们糟糕的婚姻，帮助他们逃离“捕鼠器”，也阻止其他人误入其中。

如果婚姻中存在着很高的背叛风险，人们就要花费大量时间和精力来维持婚姻，不管这背叛是出轨还是别的什么。怀疑丈夫的妻子和怀疑妻子的丈夫会变身成侦探或是控方律师。他们质询自己的伴侣，寻找其不忠的证据来证明自己的不安全感。他们思虑过多，又劳心劳力。曾经有个丈夫怀疑妻子偷情。有一天，他在早晨出门上班之前用粉笔在妻子汽车的后轮上做了个记号。回家后，他发现记号不见了，这说明妻子曾经开车出去过。于是他问妻子是否曾经外出。妻子回答说没有，但实际上她只不过是忘了自己曾经在上午开车去了邮局。丈夫认为妻子不忠，十分嫉恨和愤怒，而他们的压力水平也因为这个缘故而急剧上升。

与此形成鲜明对比的是，信任能够移除大量的压力来源，因为它让你可以在信息不完整的情况下作出决定。你不会因陷入持续性的忧虑而劳心劳力，在作决定时也不用考虑得太复杂。你不需要通过用粉笔在轮胎上做记号或其他方式来试探你的伴侣。绝对的信任会为你节省大量的时间，也让你可以放心大胆地做事，而不是提心吊胆。

让爱持久

一直以来，我都在努力研究长期恋爱关系的奥秘，力求帮助伴侣们享受更快乐、更健康的爱情。然而我也知道，并非所有的婚姻都能或者应该得到拯救，摆脱背叛的阴影。不管分手理由有多充分，你对爱情的失望势必会造成破坏性的影响。如果你还处在分手后的恢复期，本书接下来的部分提供的理论和练习也许能让你更了解问题之所在，并让你为下一次尝试做好准备。

为情所伤后明白问题之所在，与维持婚姻幸福同样重要。如果你的上一段恋情以失败而告终，你可能不敢再信任别人。但是这种戒心可能会让你一生孤独。这种自我隔绝对你不仅会造成严重的心理影响，还会造成生理上的影响。本书会帮助你微调你的防欺骗侦测器，让你拥有勇气、决心和智慧去寻找一个值得信赖的伴侣。

在我的职业生涯中，我曾遇到过不少对我的研究持怀疑态度的人。他们不相信传感器、计算机、摄像机和其他实验设备能够检测像爱情这样变幻莫测、似乎不可定义的东西。当然，科学家“创造”不出爱情灵药，也找不出一个能解决所有爱情难题的通用法则。但是我可以为你提供建议。它们都来自客观数据而非未经证实的理论，或仅仅是某位治疗师的主观经验。本书接下来的部分将为你提供我的研究成果。它们会解释爱情破碎的原因，而这些原因甚至像爱情本身一样难以捉摸。我希望你能利用我的发现，捍卫一段幸福的恋爱或婚姻，或者将它从危险中拯救出来。

测一测

婚姻中那些不为人知的秘密，你了解吗？

扫码鉴别正版图书
获取您的专属福利

扫码测一测，
获得题目及解析。

- 亲密的友谊式婚姻可以延长寿命，这是真的吗？

  A. 真

  B. 假

- 爱人之间有 4 种消极的交流模式，约翰·戈特曼称它们为“末日四骑士”，以下哪个不属于？

  A. 批评

  B. 蔑视

  C. 攻击

  D. 筑墙

- 一对夫妻正遭遇因出轨造成的婚姻危机，他们想通过心理咨询的方式找到和解的办法，以下哪个咨询师的建议是真正有帮助的？

  A. 在开始治疗前，犯错一方要首先得到原谅

  B. 出轨并不是一方的错，是夫妻双方共同的错误

  C. 一夫一妻制对大多数物种来说并不合理

  D. 信任重建不是一朝一夕，需要经过“弥补、协调和接触”三个阶段

目 录

WHAT MAKES LOVE LAST

01 信任困境

|信任还是不信任|

HOW TO BUILD TRUST
AND
AVOID BETRAYAL

你永远不知道科学灵感何时会来敲门。我当然不指望自己看犯罪类电视剧时能喊出："尤里卡[①]！"在美国犯罪题材连续剧《数字追凶》的某一集中，正义阵营借助一些天才设计的数学模型，或者叫作**"信任标尺"**（trust metric）的工具，计算嫌疑恐怖分子的忠诚度，从而控制了一起恐怖袭击。所以你可以利用这一点来离间潜在恐怖分子之间的信任关系。正是这个设定推动了剧情的发展，但我怀疑这只不过是编剧和数学顾问共同杜撰的故事罢了。

可是对我来说，我的数据也许是构成现实版"信任标尺"的关键因素——是有承诺关系的伴侣之间的信任。数学的界定不仅让我证实了自己的理论——信任是爱的基础，还让我能够在实验室里对此展开研究。我可以通过信任缺失判断出伴侣关系出现危机，甚至比他们自己发现得还早。

在科学界，新发现总是建立在前人的成果之上。但我在探索信任的道路

① 传说阿基米德在洗澡时想出了浮力定律，高呼"尤里卡"（eureka），希腊语意为"我想到了"。——译者注

上，却没能从前人的成果中获益。因为迄今为止，还没有人用数学方法研究信任度。在以往的大量研究中，伴侣间的忠诚度水平并没有得到足够的重视。一些专家甚至把信任视为一种人格特质——你要么有，要么没有。但我不信。我敢肯定，大多数伴侣都会夸大他们之间的忠诚度，从而保护自己不受背叛，增大他们共同拥有幸福未来的胜算。

当博弈论遇见爱情

我从博弈论的角度来考虑两人之间的忠诚度，建立了我的"信任标尺"。为了深入挖掘信任的问题，我们要采用数学的方法。但是通常来说，数学的目标并不包括解决关系问题！博弈论在冷战时期颇为流行，因为那时分析师希望通过仔细审视决策过程，帮助他们在对抗时更好地预测敌对集团或者国家的行为。博弈论的基础便是数学，它是由冯·诺依曼和奥斯卡·摩根斯特恩在他们的重要著作《博弈论与经济行为》(*Theory of Games and Economic Behavior*)中首次提出的①。数学家们如今认为博弈论存在缺陷，但是博弈论的发展仍然获得了诺贝尔奖，并且激发了一批冷战专家的预见：计算机可以被用于评估各种外交策略的优势。我倒是对这种想法表示怀疑。这个工具如果不被用于赢得战争而是赢得爱情，它该多么有用啊！

零和博弈可能是博弈论中最广为人知的概念了。在零和博弈中，双方都希望自己能够获取最大收益，阻止对方获得任何收益。橄榄球赛就是一种零和博弈：纽约喷气机队的胜利必定意味着新英格兰爱国者队的失利。但对手之间并非总是你死我活的关系。比如，在公司里使用零和博弈去寻求职业发展是不理智的。尽管两个同事

KEY WORD
爱的关键词

信任标尺：一种用于计算忠诚度的数学模型，戈特曼将其发展为研究信任度和伴侣间忠诚度的数据研究方法。

① 冯·诺依曼提出了很多现在我们习以为常的创新想法，包括计算机的内部结构、计算机程序软件和计算在内存中的储存方法。他还设计了第二次世界大战中美国在长崎投下的原子弹的引爆器。

竞争同一个岗位，他们仍然需要为了业务而彼此合作，因为工作的成功对他们自己至关重要。在这类冲突中，双方需要关注怎样使双方的收益最大化，至少使损失最小化。

大多数博弈论的场景都假设，为了让一方得到最大化的收益，必须影响另一方的决策。以一对新人为例。想象珍妮和阿尔刚刚搬进了新家，正准备想个好办法来处理他们最讨厌的家务活。博弈论自然会认为，珍妮和阿尔会像美国和苏联那样彼此不信任。这纯属无稽之谈。在通常情况下，新婚夫妇和刚刚再婚的夫妇都会比较谨慎。因为这些关系中缺乏历史记录，他们会相互奉献，尝试着去彼此信任。

作为理性博弈者，珍妮和阿尔知道他们只有 4 种处理家务的方法：没人做、一起做、某一个人做而另一个人不做。双方都想采用那个对自己更有利的方案——至于是否对对方有利并不重要。双方都认为让对方做家务就是让自己收益的最大化的方式。

博弈论表 1—1 展示了珍妮是怎样排列她的选择的。她把这 4 种情况看作是可以自由选择的，然后用 0~10 分对收益进行逐项评估。

表 1—1　　珍妮的收益

	珍妮打扫	珍妮不打扫	总分
阿尔打扫	10	4	14
阿尔不打扫	2	0	2
总分	12	4	16

珍妮不想生活在猪圈里，所以如果双方都不打扫，对她来说没有任何收益，所以她给这个选项 0 分。如果只有她一个人打扫，她就不得不花费大量的时间去做自己讨厌的事情——尽管这确实可以让她获得一点收益（一套干净的寓所）。这个选项得 2 分。她给阿尔一个人打扫评 4 分。她知道他做不好家务，因为他总是对面前的灰尘和杂乱视而不见。尽管如此，她还是宁愿让阿尔来打

扫厨房，这总比她自己干要好。最后一个选项，分担家务活，让她既可以保持居所清洁，又不必承担过多的家务。所以她给这个选项打了最高分：10 分。

从博弈论的角度看，你可以从表 1—1 中得到很多有趣的结果。至少，它说明不管珍妮做出什么理性选择（做不做家务），她的最高收益都必须有阿尔的参与，至少需要他分担一点家务。请看表 1—1 最右边一栏。如果阿尔做家务，珍妮的总收益是 14 分。如果不管珍妮有多累，阿尔连扫帚都不碰一下，珍妮的收益会直降到 2 分。换句话说，阿尔的行为可以给珍妮的收益造成 12 分的差异。这个差距是巨大的。要让珍妮要获得最大收益，最重要的就是，她必须让阿尔和她一起做家务。表 1—2 显示了她丈夫的情况。

表 1—2　　阿尔的收益

	珍妮打扫	珍妮不打扫	总分
阿尔打扫	8	2	10
阿尔不打扫	7	2	9
总分	15	4	19

阿尔的收益和他妻子类似，尽管不完全一致。和珍妮一样，阿尔不想让家里太乱，但他当然不愿自己做家务。他只给自己做家务这个选项打了 2 分。他给珍妮一个人做家务打了更高的分数，7 分，但不是最高分。他知道如果让珍妮一个人干活，她会不高兴，会发脾气，会不愿跟他做爱（他的收益）。我们再看看这张表就会发现，他的两项最佳选择都是珍妮干活。从表中最下面的一栏可以看出，造成阿尔收益差异的根源在于珍妮是否干活，他自己干不干不重要。珍妮干活时，阿尔给出 15 分。珍妮不干活时，下降到 4 分。如果他改变自己的行为，则只改变了 1 分（10 减 9），相反，如果改变珍妮的行为，他就能多得 11 分（15 减 4）。为了使阿尔的利益最大化，他就要说服珍妮做家务。

阿尔和珍妮也可以像敌对国那样隔着桌子瞪着对方谈判，都坚信如果能说服对方拆除导弹，自己就能获得最大收益。这种不合作的态度将以永无止境的冲突而告终，就像他们总是试图让对方去叠毛巾或者扔垃圾。只要一句总结就够了——如果没人打扫或只有一个人打扫，之后不可避免会出现问题。

珍妮和阿尔分担家务的故事看起来不太合乎逻辑，但它精确地说明了不信任的后果。如果你不信任你的伴侣，就会改变对方而使自己利益最大化。同样，你的伴侣也希望改变你来达到其自私的目的。当你们缺乏信任时，就不会再考虑对方的利益了。

将这个描述颠倒过来，就是我对信任的定义。信任不是一种在两个人之间生长的模糊不清的品质。当双方愿意为了对方的利益去改变自己的行为时，信任就产生了。你们的关系之中信任越多，对彼此的关爱就越多。你会得到爱人的支持，反之亦然。在信任的关系中，你会为伴侣的成功而高兴，会为他的忧伤而烦恼。损他利己的事情，你怎么也高兴不起来。

爱的博弈论 WHAT MAKES LOVE LAST

信任，不是一种在两个人之间生长的模糊不清的品质。当双方愿意为了对方的利益而改变自己的行为时，信任就产生了。亲密关系中的信任越多，对彼此的关爱就越多。

一旦阿尔和珍妮更信任彼此，他们就不会再把洗衣篮当作烫手的山芋了。他们会合作，一起做家务，因为合作可以让对方获得更高的收益。阿尔关于利益最大化的想法不会再是“我最好吸一吸尘，这样待会儿珍妮会愿意跟我做爱”，相反，他会想：“我得去吸一吸尘，我可不希望珍妮担心自己变成她母亲那样的家庭主妇。我可不希望让她有那种感觉。”同样，珍妮的决定也会考虑到她丈夫的想法和需要。相信彼此并不意味着阿尔和珍妮会把对方的需要放在自己的之前——这不健康。但这意味着他们的幸福是彼此联系的。他们会通过改变自己的行为来增加对方的收益。

在博弈论中，伴侣作出共同承担家务的决定实现了“纳什均衡”，它是由获得诺贝尔奖的数学家约翰·纳什[①]提出的。在“纳什均衡”中，双方最终会

① 电影《美丽心灵》中主人公的原型。——译者注

停止在一个点上，这时他们的收益均达到最大，而即使稍作改变也不会增加。但和典型博弈者不同的是，珍妮和阿尔彼此信任，他们是在试图增加对方收益的情况下达到“纳什均衡”的，而不是仅仅考虑自己。

“爱情实验室”VS. 爱情大数据

当然，用博弈论去定义信任是一码事，要用数学公式去实际计算任何一段关系的牢固程度又是另一码事了。我能够进行下去，还得感谢“爱情实验室”的大数据存储，那里有关于伴侣互动的成捆的记录和资料。我的5个早期研究也被纳入了现在的研究。所有这些资料涉及来自不同年龄、人种、社会经济环境的伴侣们。其中一项针对新婚夫妇的研究从他们结婚最初几个月开始，进行了长达6年的跟踪记录。我的老同事罗伯特·利文森（Robert Levenson）、劳拉·卡斯滕森（Laura Carstensen）和我也对160对伴侣进行了20年的跟踪研究，从他们十四五岁开始。在第3项研究中，我分析了100对伴侣之间的互动和交流，他们年龄各不相同，对关系的满意度也各不相同。另一项实验中，我研究了低收入伴侣是怎样作决策的。在第5项研究中，我在实验室里对100对伴侣做了结构化干预。我接下来的研究都是和上述这些研究的参与者们共同进行的，也就是说，我可以将他们在实验室中的行为和他们恋情的结果作比对。

在所有这些实验中，我记录下了参与者们在讨论一个冲突事件时的言语和肢体语言。这让我了解他们在不同意彼此观点时是如何表现的。多亏有了回放转盘，我能够记录下伴侣对彼此行为反应的数据（见图1—1）。这种仪器有点类似新闻直播总统大选辩论时使用的那种，它可以让现场的选民们做出及时的反馈。尽管这种仪器对于一项复杂实验来说看似过于简单，但是研究证明，它在测量人们的态度时还是很精准的。

在测量信任的过程中，回放转盘（video recall dial）非常关键，它就像一个小“信任测量仪”。比如，我录下了约翰向玛丽承诺（终于！）自己洗车的视频。我不能就此假设他的承诺会提高玛丽对他的信任度。也许她根本就不相信他。也许她把这个承诺当作他投下的一大摞空头支票中最新的一张。我不可能中途停止实验，在玛丽脸上粘个小麦克风，问她结果会怎样，所以我只能使用回放的方法。

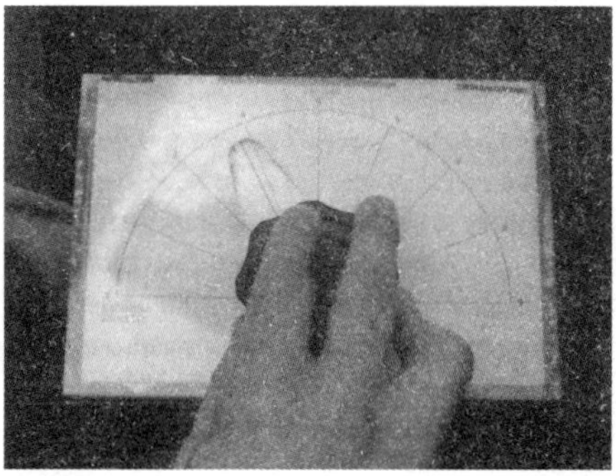

图 1—1　回放转盘：我的“信任测量仪”

视频刚录好，每个参与者就会分头观看，一边观看一边扭动回放转盘以给出积极或消极的反馈。检查过这些信息后，我才可以说：“当约翰答应洗车时，玛丽很高兴。”因为在看到这里时，她给出了“极端积极”的反馈。

婚恋关系研究的一个挑战就是，在一场谈话过程中，被试者的情绪可能会在我们所认为的积极和消极之间来回变化，呈现几个阶段。即使那些最快乐的伴侣也会有看似不那么默契的时候—— 一个人伤心，而在另一个人的反馈中却没有体现出伤心。同样，有些关系不太好的伴侣仍然可能有相互同情和支持的时候。为了创建一种通用的信任量表，我在研究中必须去掉这些噪音，并且挑出那些在彼此信任的关系和危机四伏的关系中都常见的互动方式，并指出这些互动方式的类型和频率。这些信息对于那些寻求帮助、试图挽救自己婚恋关系的人们来说作用十分巨大。所以，为了方便管理这些数据，我把所有这些数据归类进 3 个盒子：**糟糕的盒子、中性的盒子和美好的盒子。**糟糕的盒子里装着所有消极行为，包括发火、指责、打架、威胁、防卫、悲伤、失望、恐惧、紧张、哀怨、恶心、消极抵制和轻视。相反，美好的盒子里装着积极的情绪和行为，比如兴趣、消遣、幽默、大笑、激动、愉悦、认同和同情。剩下那些既不积极也不消极的，我把它们放进中性的盒子里。

如果我让这些伴侣知道我是如何处置他们这些行为的，他们可能会不赞同我的决定。但他们的想法不会左右我，因为我在将他们的言语和肢体语言分类时采用的是心理学上所谓的“观察编码系统”（observational coding system）。这个“规则手册”是心理学研究标准的一部分，在过去的几十年中被反复验证过无数次。[①]皱眉或嘴角向下常常被编码为“消极”，一个“由衷的”笑容被编码为“积极”，诸如此类。一旦我开始这样描述伴侣之间的冲突，我就可以将他们的关系状态可视化。图 1—2 中，照片下面的坐标图描述的是一对不开心的伴侣持续 15 分钟的争吵。就像你从图中上上下下的数据中看到的那样，他们针对对方的情绪起伏很大。我们都知道，人们在吵架时情绪是瞬息万变的，但从总体上说，这对伴侣的趋势是越来越消极的。

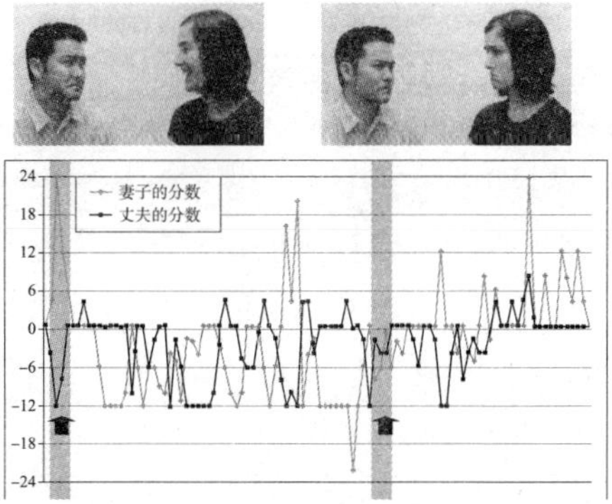

此图描述了一个问题婚姻。左边的箭头指出的时刻，妻子正在“美好盒子”里（她的分数高于 0 分），而丈夫却在“糟糕盒子”里（低于 0 分）。右边的箭头和照片展示了他们同时在 0 分以下的时刻——都在“糟糕盒子”里。

图 1—2　伴侣计分表

① 我的实验室采用的观察编码系统是 SPAFF（The Specific Affect Coding System，特定情绪编码系统）。它因其高效性和高信度，在全世界很多实验室广泛使用。

开发“信任标尺”的最后一步是让参与者们拿着回放转盘观看他们的视频。通过打分，我可以知道他们伴侣的幸福度会如何影响他们自己的收益。

三个盒子，三种结果

想象一下，简和菲尔是参与我的新婚夫妇研究的一对被试。尽管他们的关系在近期内不会结束，尽管他们过得很开心，但他们吵架时的表现也不总是处在同一个盒子里。有时简表现得“美好”，她的丈夫却表现“糟糕”；或者简表现“糟糕”，菲尔表现“中性”。比如有一次，简的肢体语言和言语清楚地表现出她在“美好盒子”里。她身体前倾，显然在认真倾听菲尔说活。但菲尔的言行却明显地传递出不悦。简看到这段互动时，调低了回放转盘。那一刻，因为丈夫的不悦，她没有从“美好盒子”中得到任何好处。同样，当简高兴地说起她为自己事业成功而感到骄傲时，菲尔在之后的评价中对这一刻给分很高，尽管他在录像带中的言语和肢体语言显得中性。这种回应显示出他们是具有默契、高度信任彼此的伴侣。他们的回报取决于对方的感受。在对方感到悲伤和烦躁时，不管自己感觉如何，他们都会对那一刻给出偏低的评价。

当我研究中的伴侣在相互信任方面出现问题，结果就会非常不同。我经常会看到一个人高兴地回顾伴侣烦躁的片段，或者不为对方的喜悦而感到高兴。除了经常能同时站在“糟糕盒子”之外，他们的其他任何反应都不具有相关性。

研究显示，快乐的伴侣会更多地表现出那些能够得到高回报的行为（美好和中性的混合），最少地表现出低回报的行为（糟糕和糟糕、糟糕和中性的混合）。另外，他们特别喜欢那些相互依赖的回报，这可以使得双方的收益最大化。也就是说，当对方的言语和肢体语言暗示出积极情绪时，双方对这个时刻的评价最高。通过对比长久的和没能持续的婚姻出现于不同盒子（糟糕、中性和美好）中的频率和伴侣所得到的回报，我最终建立了一个计算一切关系中信任水平的公式。现在，这个信任标尺让我能够给任何经过“爱情实验室”测量的伴侣打一个 0~100% 的信任分。

爱的博弈论 WHAT MAKES LOVE LAST

快乐的伴侣会更多地表现出那些能够得到高回报的行为（美好和中性的混合），最少地表现出低回报的行为（糟糕和糟糕、糟糕和中性的混合）。

你不需要用数学方法去解码我的发现，也不需要访问我的实验室。在第 14 页，你就能找到一个基于信任标尺的自测表，它会让你知道自己的婚恋关系中的信任水平。不管你的结果如何，在接下来的章节中，你都将找到大量基于研究得出的建议来帮助加强你与伴侣之间的信任关系。

可信度：相互的牺牲

在建立了信任标尺之后，我又接着建立了另外两个相关的量表，同样用来预测婚恋关系的幸福水平。首先要量化双方的**可信度**（trustworthiness）。可信度和信任的程度是不同的，尽管差别微乎其微。两个人相互信任的程度是指他们感情有多深，他们有多袒护对方。相反，可信度是指一个人有多愿意为这段关系牺牲自己，有时会为了两个人的利益而置自己的需要于不顾。信任度和可信度常常是相辅相成的。如果一对伴侣的信任度很高，他们的可信度往往也很高。同样，如果信任度低，可信度也不会高。但情况也不总是如此，新婚夫妇（或刚结婚的再婚夫妇）之间表现出高信任度和低可信度也并不罕见。当这样的夫妇来到实验室，他们常常因为这样一些事情争吵，比如：“当我需要你的时候你会选择我而不顾你的朋友们吗？”“我伤心时你会陪在我身边吗？”“你会对我保持忠贞吗？”最终，如果关系牢固，他们之间的可信度会上升。

KEY WORD
爱的关键词

可信度：是指一个人有多愿意为一段关系牺牲自己，如果一对伴侣的信任度很高，他们的可信度往往也很高。

伴侣相互可信时，会向对方发出一种信号，表明他们之间的关系是独一无二、不可替代的。我将两个人协商过程中的这种行为叫作“造神”，因为“神圣”和“牺牲”有共同的词根——两个词都发源于早期宗教活动，“牺牲”正是宗教祭祀活动的一种形式。从长远来看，婚恋关系中，两个人都会同意恋爱关系高于个人利益。对于没有情感维系的两个人来说，做到这一点非常困难。这样的“伴侣”可能多年以来一直过着相互独立而平行的不幸生活。改变这种习惯很难，但确实是可能的。

我也可以建立一个**“背叛标尺”**（betrayal metric）来计算伴侣不愿为对方和婚恋关系牺牲自己的程度。如果一对伴侣的背叛标尺的读数不断增加，他们可能面临不诚实或者严重的背叛。当两个人将他们的指针旋转到相反的方向时，背叛就会上演。她的失就是他的得，她的得就是他的失。他们会在对方感觉糟糕时自我感觉良好，就好像他们一直在进行一场危险的跳棋游戏。我想澄清一下我所谓“我的实验可以预测离婚”是什么意思，因为媒体有时会将我的结论和其他类型的发现相混淆。统计显示，美国的离婚率在 43% 到 67% 之间（取决于具体研究）。这些全美范围内的数据建立在对拥有 40 年婚史的夫妇的离婚率的预测上。我的研究和这些计算没有任何关系，我研究的是什么态度和行为导致伴侣分手，而不是测量或者预测长期范围内的离婚率。我的研究聚焦于某一特定信息的出现是否能够预测分手；如果的确如此，该怎样精确预测。

下面谈谈我怎样确定预测的准确性。想象一个碗里随机放着 130 块幸运饼。6 年后，我们得知其中 113 块幸运饼里的字条写着“这段婚姻会长久”。另外 17 块的则写着“这段婚姻可能走不到尽头”。如果你想知道哪 17 块中包着坏字条，随机猜中的可能性为 0.000 000 000 000 000 000 03%。但在实验室中，如果理论正确，它会在很大程度上帮助我提高挑出坏字条的概率。我知道我的新公式是有效的，因为在猜测这些伴侣的命运时，它的准确率高达 85%。

你可能会想，尽管背后有复杂的数学原理，我关于信任和背叛的结论看起来却颇为不证自明。你确实不需要专家告诉你“信任对婚姻是好的，背叛是坏的”，也没有必要通过在实验室里给伴侣们录像来确认他们生活在幸福还是冲突中，有时你只要跟他们吃顿晚饭就会知道。但大多数婚恋关系是介于两者之间的。伴侣对未来感到不安很正常，即使没有任何问题。我和很多误判自己处境的伴侣有过合作，尤其是在需要理解他们的回报和为对方的付出之间的关系时。这时，数学给了我巨大的帮助。通过测量伴侣间任何单一互动中的信任，我能够洞察所有婚恋关系的深层次运转方式，包括未来不甚明朗的那些。基于这项研究，我可以给所有伴侣拯救和保护爱情的有效建议。科学研究令人着迷的一点，就是你并不总能预测到结果。意外会时常发生，因此我认为那些基于个人经验和未经证实的理论而给出的建议都很愚蠢。比如说，不管你的婚恋关系如何，我们假设你对三个盒子都有体验，但这对你的将来意味着什么呢？置身于中性盒子只是为了不落入糟糕盒子吗？让你们难以继续留在美好盒子中的激烈争吵是不祥之兆吗？一不小心就掉进糟糕盒子会为你们的关系敲响警钟吗？这些答案也许不符合你的预期，然而对未来却有着至关重要的影响。

测一测：你的信任标尺

下面的问题可以让你快速了解你与伴侣之间关系的信任标尺。如果可能，让你的伴侣和你一起回答这些问题，然后比较你们的分数。计算你们的信任标尺的过程可以给你们提供一个讨论你们之间关系的好时机——什么是有效的，哪些地方需要改进。（如果结果令你焦虑，则可以考虑和你的伴侣一起当着心理咨询师的面讨论一下。）与很多心理问卷一样，其中一些问题非常明显。但是不论如何，还是请你回答它们。过一段时间，等你看完这本书，你也许会愿意重做一遍。花一些时间一起完成吧。

WHAT MAKES LOVE LAST 你们的信任标尺

说明：

请判断你是否同意下面这些说法并做出选择。注意：如果你和伴侣不住在一起或者没有孩子（无论分居还是住在一起），在回答相关主题时，请设想如果你这样做，你的伴侣会有何反应。

1. 我感到被伴侣保护。
2. 我的伴侣对我忠诚。
3. 我的伴侣在经济上支持我。
4. 在伴侣身边我有时会感到不适。
5. 我不认为伴侣和他人存在亲密关系。
6. 从现在开始，我的伴侣不会和除我以外的人生育孩子。
7. 我的伴侣全心全意地爱着我们的孩子，或者至少尊重我自己的孩子。
8. 我相信大多数人是可信的。
9. 我的伴侣让我有安全感。
10. 我知道我的伴侣永远都是我非常亲密的朋友。
11. 我的伴侣会尽到共同抚养孩子的义务。
12. 关键时刻，我可以指望我的伴侣为我和家庭作出牺牲。
13. 我的伴侣会做家务。
14. 我的伴侣为提高家庭经济安全而努力工作。
15. 我的伴侣不尊重我。
16. 我的伴侣让我觉得自己性感撩人。
17. 我的伴侣在做决定时总是考虑我的感受。
18. 我知道我的伴侣会在我生病时照顾我。
19. 当我们相处不融洽时，我的伴侣会和我协作处理我们之间的关系。
20. 我的伴侣会给我情绪上的陪伴。
21. 我的伴侣不过度饮酒和使用药物。
22. 我的伴侣会对我作浪漫的表示。
23. 我的伴侣对我的家人很照顾。
24. 伤心或愤怒时，我可以信任伴侣对我说的话。

25. 我的伴侣轻视或者羞辱我。
26. 我的伴侣总是先想到别人，而不是我。
27. 我的伴侣会和我一起工作，在经济方面共同进退。
28. 我在婚恋关系中有权力和影响力。
29. 我的伴侣会向他人展示他（她）有多珍惜我。
30. 我的伴侣帮我照顾孩子。
31. 我就是不能完全信任我的伴侣。
32. 我的伴侣信守承诺。
33. 我的伴侣是个品行端正的人。
34. 我的伴侣会做他（她）答应做的事。
35. 我的伴侣会背叛我的信任。
36. 我的伴侣对我深情款款。
37. 在争论时，我可以相信我的伴侣是真的在听我说话。
38. 我的伴侣能够分享我的梦想，并以此为荣。
39. 我害怕我的伴侣出轨。
40. 我的伴侣的言谈举止都反映了我们共同的价值观。
41. 我的伴侣经常和我做爱。
42. 我不能依靠伴侣和我一起建立或维持家庭的感觉。

◎ **分数计算：**

第一步

题目 4、15、25、26、31 和 39 用下面的规则计算分数并相加：

很同意：1　同意：2　中立：3　不同意：4　很不同意：5

总计：

第二步

剩下的题目按照下面的规则计分：

很同意：5　同意：4　中立：3　不同意：2　很不同意：1

总计：

第三步

将上面两个分数相加，计算出你们的信任标尺：

总分：

这个分数意味着什么？

◎ 0 ～ 52

你对伴侣和婚恋关系的信任度较低。不是所有的伴侣都要永远在一起，但即使是那些受到信任危机困扰的伴侣，如果双方在整个过程中勇于承担自己的义务，也是可以走出危机的。（在继续阅读本书剩下的部分之前，可以先阅读第 10 章。这一章可以帮助你辨别你的伴侣是否值得信任。）独自阅读本书可以帮你确定自己的处境，可能帮你在和伴侣互动时做出更加积极的转变。但如果他（她）同意，试着一起来做这些练习。你们都准备好进行一场寻找心灵之旅了吗？请在读完这本书后再做一次，并将这些建议付诸行动。如果分数依然很低，你们可以去寻求更多个性化的帮助。

◎ 53 ～ 105

你们之间的信任属于中等水平。你对伴侣忠诚——但并不确定。你可以通过书中的练习来巩固你们的关系。尽管最佳方式是你们一起完成练习，但即使是你独自完成，这些练习也会对你们的关系有所裨益。当你们中的一个人更加清楚自己的需求和渴望时，你们就会更加关注这些方面，也更容易做出积极的转变。如果你们的信任标尺没有进步，反思一下你们两人是否都把婚恋关系放到了首要位置。如果你们的信任标尺提高了，这充分说明你们彼此更加心灵相通、幸福快乐，你们之间的关系也更令人满意。

◎ 106 ～ 210

你对伴侣深信不疑。这样坚定的基础增加了你们白头偕老的可能性。如果你处在这一分数区间的下游，你们仍然有必要就关系问题好好谈谈。如果你的信任水平非常高，这本书仍然对你有用。想想你们在一起读书，这本身就是一件浪漫的事，还会让你们更加确信对彼此的爱，而且会教你们如何维持现状。

WHAT MAKES LOVE LAST

02

三个盒子的选择

| 亲密关系的情绪收藏 |

HOW TO BUILD TRUST

AND

AVOID BETRAYAL

乔斯林：亲爱的，你买的度假房真是个惊喜！但我还是忍不住想说，也许咱们应该在买之前先商量一下。说实话——也许仅仅是对我而言——我不确定把咱们所有的积蓄花在一个有白蚁而没有下水道的房子上是个好主意。

米格尔：亲爱的，我赞成你的想法。再多跟我说一些吧。

你们的争论也会像乔斯林和米格尔一样吗？我不信。你不可能看到任何人这么甜蜜地表达反对意见。他们不可能真实存在，无论是乔斯林还是米格尔。我从来没有遇到过这样的伴侣。在我的研究中，有时候人们看似极富耐心地在争论中回应伴侣，但上升的心律和血压却出卖了他们。即使在最健康的婚恋关系中，伴侣偶尔也会生对方的气。他们会发生口角，甚至激烈冲突。也就是说，拥有令人满意的婚恋关系的伴侣，需要在相互尊重和爱慕的“美好盒子”里花大量时间。按照博弈论，美好盒子会给你们带来巨大的回报。但没人能永远待在那里。情绪激动时，人们很容易失去积极而高效的处事能力。在爱情实验室里，我从不为伴侣不在美好盒子中争论而吃惊。我质疑是否有任何人能在吵架时进入美好盒子，结论非常明显。这难道不是从定义上就不可能发生的吗？

美好盒子：最佳情况

是，也不是。我还没遇到过在整场争论过程中都能保持“美好”的伴侣。但是我的研究显示，在很多婚恋关系中，美好盒子并不永远关闭。当我把一些伴侣归入“美好”这个分类时，并不意味着他们就是像乔斯林和米格尔那样的。我的意思是，只要他们在发火时能进入美好状态，这种分类就可以成立。在冲突中，这些伴侣哪怕能够在很短的时间内用平和、有爱的方式回应对方就很了不起了。因此，这样的伴侣之间的信任标尺更高也并不奇怪，特别是对那些乐于帮助对方平静下来的人来说。只有彼此深信的两个人才能够成功。

KEY WORD
爱的关键词

美好盒子： 美好盒子里装着积极的情绪和行为，比如兴趣、消遣、幽默、大笑、激动、愉悦、认同和同情。

和睦的伴侣吵架时不会使用心理咨询师可能建议使用的一切“恰当”的词语或者行为来解决冲突。他们能够自己解决。想想这样的场景：吉姆正开车载着相恋多年的女友维奥莱特去山里度周末。突然间，吉姆一个急转弯，维奥莱特大叫道：“慢一点！”吉姆开车总是让她胆战心惊。这是他们关系中痛苦的一刻。像平时一样，维奥莱特一批评吉姆开车，后者就会从牙缝里挤出几个字：“别冲我叫唤！你这是在制造车祸！”但维奥莱特继续批评着他。如果你会读心术，就会知道吉姆在心里嘀咕：“她开车技术那么烂，却要教训我。无论我做什么她都不满意。为什么我会答应来度这个愚蠢的假呢？”

当他们到达山顶的小旅馆，吉姆看到差点被他甩出后备箱的行李时顿时紧张起来。但他马上又放松了，因为维奥莱特环顾一番眼前的美景，气喘吁吁地说：“我们一定是死了才能来到这样的天堂！亲爱的，可能你刚才真的把车开到悬崖下去了。”尽管很紧张，吉姆还是忍不住笑了，他一直都很喜欢她揶揄式的幽默。她笑着用胳膊肘调皮地顶了他一下。就这样，他们的关系也从悬崖边回来了。维奥莱特采取了一种常用的关系修复技巧——幽默。她用幽默赶走了紧张，安慰了男友。

修复是婚恋关系的救生衣。修复的效果决定着婚恋关系的存亡。修复并不复杂。常用的修复技巧包括笑话、赞扬、握手和提问。（在第92页，你会看到伴侣们在我的实验中常使用的修复技巧列表。）在一段健康的婚恋关系中，修复技术可以降低接受者的血压和心率，让他们不再那么紧张，回归理性。如果无论用什么修复技巧都不能阻止冲突升级，这对伴侣的关系就陷入了恶性循环。不是因为他们用错了修复技巧，而是因为他们有过可怕的严重冲突。

维奥莱特的修复并没有解决她和吉姆之间的问题，但这让他们从冲突中全身而退，拯救了假期。在激烈争论后还能回到美好盒子中，这是伴侣拥有幸福未来的标志。在一项对新婚夫妇的研究中，我发现在讨论双方有争议的问题时能否表达出一些积极情绪，不仅可以预测伴侣们在第6年实验结束时是否还在一起，还能预测他们是否一直幸福。（另外，关于驾驶风格的争执是最常见的“不可救药”的婚恋问题之一。幽默感对此有效。）

也许我关于美好伴侣最重要的发现是，他们总可以精确而迅速地把不愉快的情绪转移到美好盒子当中。这种情况经常发生在一个人的各项生理指标显示出高压水平之时。如果维奥莱特和吉姆在我的实验室中争吵，你就能看到她在吉姆快要爆发时抖出了一个包袱。当然，她不可能从我们的数据中得知吉姆的心跳和血压。她并不需要这些信息。她的直觉把她在正确的时间带入了美好盒子。直觉精准的伴侣是了解和信任彼此的一对舞者。我在所有的研究中都发现，一个人的积极行动足以降低另一个人的各项生理压力指标。这个结论在我的实验室和利文森的实验室中均被多次证实。

爱的博弈论 WHAT MAKES LOVE LAST

直觉精准的伴侣是了解和信任彼此的一对舞者。一个人的积极行动足以降低另一个人的各项生理压力指标。

因此，这就是美好盒子的真相。尽管难以琢磨，它在冲突中确实存在。如果信任程度高，你就可以在争论过程中某个短暂而关键的时刻进入美好盒子，让你们的关系得以修复和重建（或者至少减少破坏）。你不需要为了掩饰而保持一张笑脸。（无论如何都做不到。）但如果你能在适当的时候消消火，防止情绪爆发，这就是高信任标尺的一种体现。同样，通过训练你的修复能力，你们之间的信任水平也会得到提升。

中性盒子：最有价值

如果你因为“中性”这个词看起来无聊就打算跳过这部分，那么你就和无数伴侣和情感专家犯了同样的错误。在冲突中，中性盒子并不是一片荒漠。我关于中性盒子的研究可以说是我关于信任的全部研究中最令人激动的部分了。

想象你是个电视导演，正在指挥你的演员表演下面的一幕：

（一对夫妇坐在沙发上。）

布里安娜：我跟我妈妈说咱们明天过去。

卢：咱们？

布里安娜：我答应她了。

卢：明天有决赛！你应该早跟我打招呼。

布里安娜：我们好久没去看过她了。

卢：你上周刚去过。

布里安娜：但你没去。她很孤独。你为什么不来？

你可以让卢和布里安娜就这样吵起来，摔门摔电脑。你也可以让他们说着说着就拥抱起来。但如果你在乎收视率的话，就不会让剧情发展到另一个方向，让他们像讨论“要不要保留废纸”这种无关紧要的话题一样去讨论这个问题。这会让电视剧很难看。

KEY WORD
爱的关键词

中性盒子：中性盒子里装着那些既不积极也不消极的行为和情绪。双方在表达分歧时，可以保持平静。

但在我的实验室里，我不会重写或者指导他们的对话。我只负责记录和分析。

我发现一些伴侣确实能在争论中始终保持中性。他们不常使用修复技巧，而他们看上去也不需要修复。他们的生理指标在争论中没有出现波动。他们的心率或血压也没有大幅度的提升。他们的肢体语言和言语都没有表现出任何积极或消极的倾向。这些伴侣没有对对方厌烦或者无动于衷。**和不快乐的伴侣不同，中性伴侣在关系中更投入，也给对方更多的回应。**但他们在表达分歧时可以保持平静。

在我们的一项针对 45 岁～ 60 岁的伴侣的研究中，我发现快乐的伴侣在发生争执时有 65% 的时间处于中性盒子中，而在那些不快乐的伴侣中，这个数字是 47%。20 年后，这些快乐的伴侣有 70% 的时间保持中性。随着在一起时间的增长，快乐的伴侣们对彼此的宽慰反而减少了。回放转盘显示，他们在中性位置上得到的收益越来越多。

爱的博弈论 WHAT MAKES LOVE LAST

一项针对 45 岁～60 岁的伴侣的研究发现，快乐的伴侣在发生争执时有 65% 的时间处于中性盒子中，而在那些不快乐的伴侣中，这个数字是 47%。

如果这些伴侣争论的视频被传到网上，它们也许会是最难传播的。没有人喜欢看这些沉闷的东西。电视真人秀的流行告诉我们，人们更喜欢看那些咆哮的、失控的伴侣和温柔的、泪流满面的和解。很多寻求心理咨询的伴侣们都受到了这些偏见的影响。他们不会在平淡的方式中寻求解决方法。他们想让争吵的痛苦快点过去，所以只能祈求灵丹妙药。他们的咨询师也很可能赞成这个目标，比如他会产生这样的想法：我需要花几次咨询的时间来探讨这对伴侣的关系为何如此消极。当我们结束咨询时，他们的关系就会发生彻底的转变，他们对彼此就会自然而然地从糟糕转向美好盒子。世界上不会有心理咨询师对他的同行说："我给塔米和格斯做了一次多好的咨询啊！他们在整场 55 分钟的争论中都不带一点情绪！"这种方法简直就是对心理咨询师这个角色的亵渎。因为咨询师在人们心目中的职责就是增加伴侣之间的积极情绪。

在一项著名的研究中，利文森和他的学生蕾切尔·埃布林（Rachel Ebling）

分别记录了10对真实伴侣吵架初始3分钟的情景。他们中的一半最后离婚了，另一半还在一起。罗伯特和蕾切尔把录像带拿给治疗师、研究者和牧师，让他们预测这些伴侣之间关系的发展。（这些录像带随后也成为位于旧金山附近的探索博物馆的展品，参观者可以根据它们作出自己的预测并检验其正确性。）平均而言，这些专业的预测并不比扔硬币更准确。为什么如此多的人类行为学家都鉴别不出婚恋关系中的危险因素呢？大多数观察者都把焦点放在伴侣争吵时的火药味上。他们并没有关注伴侣们保持平静而不带有情绪的时间，也许因为他们觉得这并不重要。**但中性情绪却是关系到婚恋关系最终结果的关键因素**。那些大多数时间都处于无情绪状态的伴侣们最终会白头偕老。

爱的博弈论 WHAT MAKES LOVE LAST

大多数观察者都把焦点放在伴侣争吵时的火药味上，然而研究显示，中性情绪却是关系到婚恋关系最终结果的关键因素。大多数时间都处于无情绪状态的伴侣们最终会白头偕老。

中性盒子的意义在于它是冲突的避风港。回忆一下你曾经有过的那些激烈的争吵。反省一下，如果你当时能够保持冷静，是否能获得更大的收益呢？我们中的大多数人都乐于做这种交换——即使那场戏剧性的争吵以喜剧收尾。要想获得中性带来的巨大收益，伴侣们就要将减少情绪交换（不只是正面情绪）作为目标。**在争吵时，爱人们如果能在“和平谷”待上一会儿，肯定会比一直处在“黑暗谷”里要好得多。**

中性盒子带来的慰藉也许就是婚恋关系中信任的最终表达形式。然而如果你和你的伴侣还没有“准备好”保持中性，也不要着急。这需要大量的时间。伴侣们首先要知道，对方会在冲突的关键时刻作出修复或者回应修复。但是快乐的婚恋关系一般就停留在中性地带。

尽管美好盒子和中性盒子的属性不同，伴侣们能够在任何一个之中停留都是好事。有能力让争吵转入这两种情况，对他们的将来而言都是好兆头。在博弈论中，伴侣们尽可能花更多的时间处于两个盒子中也是有道理的，因为这会使他们获得最大收益。但是不快乐的伴侣看起来会蔑视博弈论。他们会困在非理性的糟糕盒子当中。

糟糕盒子：伴侣捕鼠器

所有伴侣都有跌进糟糕盒子的时候，但只有一部分人会在其中投入过多时间，以被消极情绪折磨得精疲力竭而告终。我把这种情况称为“捕鼠器”（roach motel）。安杰尔和乔治就是典型的一对。他们的争吵经常以乔治对安杰尔喊出的一声“闭嘴”告终。不管他们怎么努力，不管他们向对方说什么，他们为修复冲突做出的努力很快就会付诸东流。有些伴侣会用大嗓门攻击对方。另一些则会挑起对方的负面感受。不管他们的冲突是什么风格的，这些糟糕的伴侣都表示他们不喜欢吵架，他们也会对争吵感到难过。尽管争吵没有给他们带来任何收益，但他们无法停止。

KEY WORD
爱的关键词

糟糕盒子：糟糕盒子里装着所有消极行为，包括发火、指责、打架、威胁、防卫、悲伤、失望、恐惧、紧张、哀怨、恶心、消极抵制和轻视。

通过分析这些不快乐的伴侣间的互动，我发现了两种可以解释他们的问题的特质。当一对伴侣进入糟糕盒子，他们中至少一个人会在生理上对敌意变得非常敏感。我经常用“怒不可遏”这个词来形容这种躯体反应。当它出现时，当事人就像喝了一杯由激素（包括肾上腺素）调制的烈性鸡尾酒，引起了心率加速、血压升高、大量流汗和其他应激状态下的生理反应。这些激素的变化让你的身体处于更快更强的最佳状态。这是我们那些经常需要面对敌人和饥饿动物的祖先留给我们的遗产。

研究显示，因为我们的男性祖先扮演着猎食者和保护者的角色，他们比女性的警惕性更高。这种进化在现代男性身上有所遗留的结果，就是他们在危险情况下比女性更易做出战斗或逃跑的选择。他们在受到威胁后也更不易放松警惕。我和其他学者的大量研究都发现，**男性在争论中比女性更容易变得“怒不可遏”。**我们比较双方生理反应报告时会发现，男性在心烦意乱时会发出更多明显的生理信号。因为身体不会掩饰对威胁的反应，男人可能会像遭遇猛兽一般爆发，忘记眼前的只是他愤怒的伴侣。

“怒不可遏”的状态对婚恋关系是致命的。身体的极端反应会让人产生意想不到的非理性思维。在一种被心理学家称之为“隧道视觉”（tunnel vision）的情况下，眼睛和耳朵只能注意到危险信号和逃生通道，其他都被阻挡在外。幽默感可以穿过隧道的裂缝，倾听、解决问题和理解对方情绪也有同样的力量。由于大多数心理咨询师都没有意识到“怒不可遏”状态的特点，他们会让苦恼的伴侣去表达他们对对方的理解。虽然这是正确的，但他们却不可能成功。有时，反而会让他们的关系雪上加霜。

一个怒不可遏的人会根据情况选择是面对他们的伴侣（攻击！）还是冷战（逃跑！），我把后者叫作**“筑墙”（stonewalling）**。这两种反应在乔治和安杰尔之间表现得非常明显。当乔治大喊“闭嘴！”的时候，他的生理指标显示出他已经怒不可遏了。尽管他的妻子继续争吵，但乔治不予回应，开始“筑墙”。

争论中怒不可遏的倾向会让恢复平静的修复失效。如果身体和思维都处于超负荷状态，大脑就会变得不清醒。人们会拒绝来自伴侣的安抚，甚至连自己都意识不到这点。我的研究中那些聪明但最终失败的修复尝试俯拾皆是。就算安杰尔能抖个包袱或者给乔治一点鼓励，乔治也很可能仍然不为所动。没有任何爱的信息会穿越筑起的墙壁到达他那里。这也是为什么在“捕鼠器”中的时间太久，伴侣间的信任和对彼此的忠诚会被扼杀。

为什么只有一部分伴侣会经历这种怒不可遏和失败的修复呢？可能是因为一些男性的生理条件让他们变得更脆弱，更易进入这种状态。但在多数情况下，罪魁祸首来自两人之间，尤其是缺乏交流的两个人。虽然心理学家赋予**“交流”**

很多意义，但我将它定义为成年人婚恋关系中**对来自伴侣内心的理解和尊重的渴望，以及获得理解和尊重的能力**。交流是长久的婚恋关系中建立和恢复信任的规划图。缺乏交流时，伴侣会表现出对对方内心世界的不理解，或者无法进行支持性的交流。在第 6 章中，我会具体说明怎样从交流中获得改善或拯救婚恋关系的启示。但是现在，我仍想把焦点放在缺乏交流会有哪些表现上。

‖进入捕鼠器的 5 个步骤‖

尽管“不和”听起来模糊而抽象，但当婚恋关系出现危机时，它们往往会沿着相似的 5 步轨迹发展。

第 1 步：“滑动门时刻”

在婚恋关系中，伴侣会不断地通过言语和动作向对方寻求支持和理解。在实验语境中，我把这种请求称为**“沟通邀请”**（bid）。它们可以简单得像“你能帮我买听啤酒吗？”或者深切得如一次可怕体检后的“我需要你”。不是所有的邀请都那么明显。有些邀请就被错过、忽视或者误解了。一个人说“我爱你”可能是希望对方能够转身并给自己一个拥抱。但伴侣却三心二意、似听非听地说：“嗯，我知道你爱我。”丈夫给妻子买了情人节时送给她的一模一样的广告艺术图册。他忘了。但她没忘。

婚恋关系中的每一次邀请都会开启我所谓的**“滑动门时刻”**（sliding door moment）。当一个人表达出联结的需要时，另一个人的反应可以是拉开滑动门并走进去，也可以是关上滑动门并转身离开。想象一下亨利正窝在最喜欢的椅子里看电影。他的妻子辛迪走过来，盯着屏幕连声叹气：“噢，巴黎在电影里总是这么迷人。”面对妻子的向往，亨利可以作出多种反应。他可以拉开滑动门说：“我希望有一天咱们能一起去。”我把这种回应叫作**“面向”**（turning towards）伴侣。他也可能**“背**

> KEY WORD
> **爱的关键词**
>
> **滑动门时刻：**当一个人表达出联结的需要时，另一个人的反应可以是拉开门走过去，也可以是关上门转身离开。这是发展亲密关系的关键时刻。

向”（turning away from）伴侣，不满地嘀咕说：“嘘，我在看电影呢。”任何没有兴趣或缺乏联结的回应都会关闭滑动门。

所有的长期关系都会因不能正确使用滑动门而让人倍感困扰。就算是那些恋爱高手，在伴侣表现出悲伤、疲倦甚至高兴时，有时也无法进入。他可能累了、烦了或者走神了。我们通常不会去思考我们的反应，或者根本就没有反应。因为我们不认为对这些琐事的反应会有多大意义。

不去理睬那些小要求的确不会把婚恋关系推入深渊。但大量没有任何结果、不愉快的讨论却很危险。经年累月，一方或者双方就会感到奇怪：“我在他心目中是第一位的吗？”“是否有其他人或事排在我前面？”“我的伴侣自私吗？我还能继续信任他吗？”

第 2 步：遗憾事件

在“滑动门时刻”转身离开的结果就是冲突的升级。你注意到伴侣脸上写着“受伤”或者控诉的表情时，就会意识到自己又惹事了。如果幸运，你的伴侣会指出问题所在：“我想告诉你医生是怎么说的，可是你一直都在忙自己的，不能跟我好好谈谈。你知道我在拿到诊断结果的时候有多紧张吗！你太让我失望了。”

如果“惹事”的一方能够对之前的所作所为道歉并承担应有的责任，这个缺口就会被修补。如果相反，这一方选择逃避并且任由伤害和愤怒发展，就会造成我所说的“遗憾事件”。一次冲突的爆发可能成为两人关系史上不幸的一幕。每一次事件都会蚕食伴侣对彼此的信任。

导致遗憾事件的环境因素通常并不明朗，因为婚恋关系是十分复杂的。当一扇门关闭，伴侣双方可能都会感到受伤。乔在一次家庭聚会上邀请女友马迪转移到房间的另一个角落时被她无视了，这让乔变得烦躁不安，认为女友正在和其他人调情的念头让他变得愤怒。因此，看到女友不理睬他，他离开了。而马迪没有察觉到乔的烦躁，也不知道他去了哪里。她一间屋子又一间屋子地找他，问每个人有没有看到乔。没有人见过他。当看到乔正朝他的车走去时，马迪生气了。她问："你知道你对我做了什么吗？"乔反驳说她没有资格抱怨，该反省反省自己做了什么。马迪坚持认为是乔太容易吃醋。乔怒不可遏地离开了。第二天，他们和好了，但问题并没有解决，**"滑动门时刻"演化成了遗憾事件。**

再次强调，偶尔如此并不会毁掉婚恋关系。但如果在转身离开后却不能道歉并修复裂痕，伴侣间的关系就会朝着"捕鼠器"的方向跨出一大步。

第 3 步：蔡格尼克效应

1922 年，机敏的 21 岁心理系学生布鲁马·蔡格尼克（Bluma Zeigarnik）发现，威尼斯一家咖啡馆的服务生可以不借助任何工具记下客人冗长而复杂的点单。他们惊人的记忆力引起了蔡格尼克的好奇。她随即采访了这些服务生，却发现他们一下完单就想不起来刚才的点单了。一旦服务生把菜上齐，他就会把点单忘光。蔡格尼克后来成为了一名杰出的心理学家。她在这家威尼斯咖啡馆里观察到的现象后来被称为**"蔡格尼克效应"**（Zeigarnik effect）。意思是说，我们对那些没有完成的事情记得更清楚。

后续研究显示出蔡格尼克效应的威力。**我们对那些"未完成事项"的记忆力要比对那些已完成和终止的事件的强约两倍。**在爱人之间，如果争吵能够以双方承认错误、改正错误和加强理解而告终，那么这段争吵很快就会被遗忘，换来更牢固而持久的婚恋关系。相反，如果在"滑动门时刻"招致了无法解决的遗憾事件，那么根据蔡格尼克效应，这段创伤就会活跃在记忆中，随时可能一遍又一遍地上演。就像鞋里的沙子，这段回忆的不断刺激，导致对伴侣的消极情绪持续上升。

第 4 步：消极诠释

信任被逐渐破坏时，伴侣们会开始感到他们之间的关系就像被掏空了。他们之间再也不像朋友了。随着破坏频率的增加，他们在彼此心中都有了阴影。俄勒冈大学已退休的心理学家罗伯特·维斯（Robert Weiss）提出了 NSO，即**“消极诠释”**（Negative Sentiment Override）一词来描述这种现象。在它的作用下，人们倾向于把中性甚至是积极的事件解读出消极含义，这导致他们更频繁地进入糟糕盒子。**遭受 NSO 影响的人们通常会忽略伴侣 50% 的积极姿态**。一位丈夫宣布，某天晚上由他下厨做晚饭。而一贯抱怨他不做家务的妻子对此事下意识的反应却是怀疑。由于 NSO 的作用，她相信他肯定另有目的。他可能是想在亲友面前表现自己，或者是想让他父母觉得他是个好丈夫。总之，她就是不能接受他此举是出于好意。

KEY WORD
爱的关键词

消极诠释：人们倾向于把中性甚至是积极的事件解读出消极的含义。这导致进入糟糕盒子的次数增加。

NSO 的一般标志是倾向于从消极的角度去解读无害或者中性的评论。纳撒尼尔的妻子说：“哦，看，灯泡又灭了。”如果纳撒尼尔正挣扎在 NSO 中，他内心的回答应该像这样：“该死的，我又不是专职换灯泡的！你就不能自己换吗！”相反，如果他的大脑没有被痛苦和怀疑占据，他可能会认为妻子的话仅仅是想表达灯泡坏了。如果纳撒尼尔的妻子也正在经历 NSO，看到丈夫对着窗户皱眉头，她可能会将其解读为愤怒、不满和蔑视。但如果她对关系感到满意，就会把这个动作理解为丈夫正在为天气担心。快乐的伴侣更容易作出积极诠释，他们会从积极的角度理解对方的中性行为，而不会认为对方的消极情绪是针对自己的。

人们有时会把伴侣的无心之举解读为自私。作出消极诠释的人则会强化这种倾向。如果一个人或者伴侣双方关于他们恋情的记忆都陷入消极情绪结成的坚固丝网中，他们的爱情也将面临夭折了（详见第 12 章）。NSO 一旦开始，消除起来将非常困难，因为环境不是黑白分明的。有时怀疑是合理的，因为对方可能的确自私，但有时却是无中生有。对伴侣无根据的消极猜想和预测会损害两人之间的关系。他们可能无法摆脱糟糕盒子。“消极诠释”可以迅速鉴别问题伴侣。

下面的问卷可以帮助你鉴别你是否正在经历 NSO。

WHAT MAKES LOVE LAST 消极诠释问卷

回忆近几个月婚恋关系中的争吵、误解或讨论，判断有无以下情况。

◎ 最近在婚恋关系中，我总体感到

1. 受伤 是 / 否
2. 被误解 是 / 否
3. “我何必受这种罪呢” 是 / 否
4. 被冤枉 是 / 否
5. 想拎包走人 是 / 否
6. 愤怒 是 / 否
7. 失望 是 / 否
8. 被妄加指责 是 / 否
9. “我的伴侣没资格这么说” 是 / 否
10. 受挫 是 / 否
11. 人格被羞辱 是 / 否
12. 我想回击 是 / 否
13. 在抵挡枪林弹雨 是 / 否
14. 想报复 是 / 否
15. 想保护自己 是 / 否
16. 轻视伴侣的抱怨 是 / 否
17. 伴侣想控制我 是 / 否
18. 伴侣非常爱指使人 是 / 否
19. 被不公平地批评 是 / 否

20. 只想结束消极模式 是 / 否

◎ **分数计算：**

计算“是”的个数，把总分除以 20，再把这个数字乘以 100，就得到了一个百分数。如果这个数字大于 40%，就说明你正在经历“消极诠释”。试着做做后几章中的练习，它们会对你有所帮助。

第 5 步：四骑士的报复性破坏

伴侣之间的消极情绪越多，他们的交流就越缺乏成效。由于不能建设性地表达出自己的不满，他们会陷入四种消极的交流模式当中，阻碍关系的成功修复。它们分别是批评、蔑视、防御和筑墙，被我称为“末日四骑士”（the Four Horsemen of Apocalypse）。在我的早期职业生涯当中，我认为如果一对伴侣能够学着去避免这四骑士的影响，他们就能自动地进行积极交流、重燃爱火。但事实并非如此。打败这四骑士并不能解决伴侣间的所有问题。只有治愈和重建彼此的信任才可以。当然，避免你们的争论被四骑士践踏是很重要的，因为它们是让你们陷入消极的祸根。

第一，批评（criticism）。尽管这是破坏性最弱的骑士，它仍然具有破坏性。如果你对婚恋关系中的一些事感到不快，就要想尽办法表达出来。不是攻击对方，而是用一种温柔的方式。这需要你采用一种直接而积极的方式去表达自己的担心和需要。与之对立的则是批评或者人身攻击。

批评：你说过你会打扫，但桌上还有面包屑。你说过的事情从来都做不到。（“总是”、“从来”这些词暗示着对方存在人格上的问题。）

温柔的方式：桌上还有面包屑。我需要把它们清理干净。

批评：我告诉过你，咱们必须在 7 点之前到那儿。你是故意磨蹭的吗？

温柔的方式：快点。咱们晚了。现在就得出门。

批评：我还以为你会给我买无糖冰茶呢。你太自我中心了，总是不记得我让你干什么。

温柔的方式：噢，我跟你说过偶尔带点无糖冰茶回来。

第二，蔑视（contempt）。这种言语虐待暗示着你的伴侣低你一等。它包括辱骂、讽刺、嘲笑和贬低。

“你这叫打扫？你就不能把事做对吗？把那块洗碗布挂起来。”

“你有精神病吧？抓紧时间对你来说就那么难吗？咱们必须在7点以前赶到。”

“你检查过标签了吗？你识字吗？你看看这冰茶上哪儿写着‘无糖’？”

第三，防御（defensiveness）。作为言语攻击的受害者，想要保护自己是可以理解的。防御的方式包括正常的愤怒、反击和做无辜状（经常表现为抱怨）。尽管你可能认为防御是正当的，但它不会让冲突停止。相反，它会使紧张升级。从防御中解脱的办法是——承担起自己应有的责任。

蔑视：你真够懒的。你应该把这些清理干净！

防御：我找不到洗碗布。你又把它藏到哪儿了？

蔑视：你从来没准时过。你这回又迟到了！

防御：如果不用花那么长时间等着冲澡，我早就准备好了。别唠叨了。

蔑视：你没买无糖冰茶。你是怎么回事啊？

防御：喂，别怪我。是你没跟我说！

第四，筑墙（stonewalling）。当紧张局势最终导致怒不可遏后，生理失控的双方都不再释放倾听的信号（点头、眼神接触、简化音节）。取而代之的是无动于衷，就好像竖起了一堵隔绝信号的墙。我们知道这是为了防止进入怒不可遏状态而做出的努力，但这种筑墙也使解决争端的希望破灭了。

你可以在下面的对话中看到所有这些骑士。这对伴侣正试图决定去谁家过感恩节。

他：我觉得，今年的感恩节咱们应该跟我爸过。

她：但是我已经跟我爸妈说了咱们会回去的！

他：咱们前两年都是跟你父母过的。

她：那是因为你懒得安排你那边的事。（批评）

他：我很忙。（防御）

她：我就跟你不一样，我不会坐在那儿想“我该计划计划了”，然后什么都懒得干（蔑视）。所以不要在最后一分钟告诉我要去看你爸。这太自私了。（批评）

他：你总是这么任性（批评）。我不知道我这样努力跟你沟通有什么意义。你简直莫名其妙。（蔑视）

（他将视线垂下、移开，陷入沉默）

她：所以，怎么……你现在想忽视我，生你的闷气？

他：（沉默）（筑墙）

她：喂？有人在吗？出来啊！（蔑视）

‖最后一站：伴侣捕鼠器‖

婚恋关系不断陷入消极状态后会发生什么呢？捕鼠器的悲剧结局当然是伴侣间的信任被不断地侵蚀直至消亡。她觉得：“他不在乎我的感觉。”他纳闷：“为什么她不能再有爱一点？”他们无法逃出这座监狱。彼此都相信对方只关心自己的利益。如果不能有技巧地干预他们的这种想法，增强他们之间的调和能力，他们甚至会相信那些他们曾经深深信任的伴侣不仅不关心自己的利益，还和自己对着干。这时的伴侣也就变成了零和博弈中的对手。斗争的目标变成了对彼此利益的争夺。当然，真正输掉的却是他们的爱。

破裂的婚恋关系可能以离婚而告终，或者在尖锐的对抗或凝重的沉默中耗上数年。当这样的伴侣进入咨询室时，咨询师的注意力可能会落在他们交流的进步和谈判的技巧上。但如果没有注意到根本问题，任何形式或方法的治疗都是徒劳的——因为他们已经不再信任对方了。如果这对不幸的伴侣没有接受调和方面的引导，他们就必须承担面对破坏性的背叛——包括不忠——的风险。

爱的博弈论 WHAT MAKES LOVE LAST

消极诠释一旦开始，消除起来将非常困难，因为环境不是黑白分明的。有时怀疑是合理的，因为对方可能的确自私，但有时却是无中生有。消极诠释可以快速鉴别问题伴侣。

WHAT MAKES LOVE LAST

03 欺骗的迷雾

|从可能到事实的出轨路线图|

HOW TO BUILD TRUST
AND
AVOID BETRAYAL

我敢保证，无论你什么时候阅读本章，八卦界都会传出名人政客被捉奸在床的细节详尽的绯闻。有很多原因可以解释为什么我们对名人八卦如此着迷。但如果你自己的世界被风流韵事搅乱，或者因此而惴惴不安，你肯定不会关心最近的头条绯闻或者散播你的绯闻的具体人数。相反，你会想知道这件事为什么会发生在你身上，你的婚恋关系是否还可以（或应该）挽回，以及将来可能的外遇是否可以避免。

出轨后的伴侣是可能和好的，但这个过程痛苦至极，而且并不容易。**出轨是标志婚恋关系危机的警示器。**它让伴侣中至少一方感到孤独和失去价值。欺骗是具有高度危险性的，我们必须面对它，用最笨拙的方法去一点点地改变，如果这能促进双方的理解和满足。

如果出轨者被公认是个恬不知耻的禽兽，那么再怎么修复都无济于事。可以理解，碰到这样的人，伴侣是多么的绝望和愤怒。但不管花边新闻怎么写，这些出轨者并不是恶魔。在实验室和临床研究中，在对这些出轨者进行冷静客观的分析后，人们发现他们的婚恋关系本身才常常是导致外遇的原因。

一次外遇的发生：詹姆斯的彷徨

伴侣不是一夜之间就会出轨的。他或她在不知不觉中用一种缓慢到察觉不到的速度滑下了这条不归路。这就是为什么外遇看起来总是没来由地发生的原因。就像詹姆斯和玛丽昂，他们是爱情实验室中很多伴侣的混合体。玛丽昂嫁给詹姆斯时，他是个成功的摄影师，支持她去烹饪学校学习。10 年匆匆而过，詹姆斯的生意因为近些年兴起的 DIY 数码摄影而受到重创，但玛丽昂刚刚在当地一家高级餐厅坐上了主厨的职位。她很激动，却又担心自己无法胜任。她无论何时向詹姆斯倾诉自己的焦虑，他都会帮她打消顾虑，并且让她更加积极而乐观。这也是他经常给自己的建议。他认为自己是她的坚实后盾，但玛丽昂却因他的言辞而感到轻视和受伤，她没有告诉詹姆斯这点。

同时，尽管詹姆斯表现得为玛丽昂的成功而骄傲，然而他的内心却非常焦虑和彷徨。他没想到，他们现在的收入和事业前景竟然有如此大的反差。这让他想起了他盛气凌人的母亲，她经常瞧不起他父亲。玛丽昂时常忙于工作而不在他身边，这也加剧了詹姆斯的恐惧。孤独和愤懑让詹姆斯想到妻子的自私、得意和自命不凡。他想象着能够拥有一个可以让他感到忠诚和支持的伴侣，帮他渡过眼下的困境。詹姆斯的怨气越来越重，他发现自己总是在怀念一个过去仰慕他的女友。她和詹姆斯近来心目中的玛丽昂形成了鲜明的对比。他并没有把这些想法和感觉告诉妻子。

因为詹姆斯和玛丽昂都把不满藏在心里，他们发现自己已经怒火中烧，而且总是保持距离。他们越来越消极和不信任对方。很明显，他们的关系岌岌可危，但这种处境下的伴侣们往往感受不到，而且不承认他们正陷于困境。让他们承认自己只是小打小闹倒是容易一些。但如果问他们之间关系如何，他们一定会一口咬定他们彼此相爱、相互支持，在谈到他们中是否有人会出轨时还表现出一些不屑。他们确实是这样想的。

一个下雨的清晨，一位红发女人走进当地的咖啡馆，把伞掉到了詹姆斯的脚边。女人道了歉，詹姆斯表示没关系。他们开始感到那种显然不同于一般排队等咖啡时的愉悦。她端起咖啡离开时，给了他一个巨大的微笑。这让詹姆斯很惊讶，甚至是振奋。第二天，他又碰到了她，结果他们坐在了相邻的两张桌旁。他们开始交谈，互相询问名字（她叫琼）以及彼此生活的大致情况。她是位计算机分析师，住在邻市。和詹姆斯一样，她也喜欢看无声电影。另外，她是单身。詹姆斯在他们聊天的时候不停地环顾四周，但是最后他放松了下来：还有什么比两个拥有共同兴趣的人坐在拥挤的咖啡馆邻桌聊天更清白的呢？好吧，他发现琼很迷人，但这不是他第一次欣赏妻子以外的女人。但他还没有和她调情。另外，他在谈话中多次提到了玛丽昂。几周过去了，詹姆斯和琼成了“咖啡友”。一天早上，和玛丽昂吵架后，詹姆斯发现自己不再像过去那样伤心了，因为他在想琼。虽然自己不承认，但在那些希望碰到琼的日子里，詹姆斯开始花更多的时间关心自己的胡子和发型。碰不到琼的时候，詹姆斯就会感到失望。慢慢地，琼暴露了更多个人生活的细节。她去年和一个男人分手了，因为那个家伙害怕结婚。她曾经尝试上相亲网站，但没有碰到“正常”人。“我不相信像你这么好的女人会没有人追。”詹姆斯说完后尴尬地眨眨眼。

他们的友谊在当地电影院组织的卓别林电影节时有了很大进展。詹姆斯约琼一起去电影节不是很正常的事吗？玛丽昂很忙，又讨厌无声电影。所以这时，詹姆斯和琼互换了手机号码和电子邮件地址。一起看电影——而不只是无声电影——变成了频繁的活动。詹姆斯还没有向玛丽昂提过他的新朋友。因为她可能会误解他的意图，这可能导致他们大打一架。为了显得体贴，也为了避免冲突，詹姆斯保留了这个小秘密。另外，他想他只有在妻子加班到很晚时才会和琼在一起，而且琼知道他已经结婚了。詹姆斯说服自己，他这么做不会伤害任何人。

詹姆斯会适时向琼吐露自己的婚姻问题。琼则表现得像一个富有同情心的听众。她会给他提建议，帮他解决和玛丽昂之间的问题，帮他避免离婚的不幸（她总是陪着他）。詹姆斯还会告诉琼一些连玛丽昂都不知道的事情：他在一家咨询公司重要职位的候选人名单上。琼表现得很有兴趣，并且对他表示支持，这使他不断向琼透露自己一系列面试的结果。当他被另一名候选人淘汰时，整个人都垮掉了。连心不在焉的妻子都看出了他哪里不对劲。当他承认他的沮丧之后，玛丽昂说："如果你提前跟我说，我也许能帮你准备一下面试。可你都不说一声。不管你怎么想，我确实懂一点面试技巧。"

"我不需要你帮忙。"詹姆斯反驳。另一个遗憾事件变得不可修复。他们都放弃了努力，在彼此的"陪伴"中度过了又一个寂静的夜晚。

第二天，当詹姆斯告诉琼这个坏消息时，她给了他一个支持和同情的拥抱。他不禁意识到琼和玛丽昂的差别。前者给予他认可，后者让他感受不到支持。与妻子不同，琼是不带评判色彩的。她总是对他的想法和主意感兴趣。当他向她展示自己的照片时，她不断地称赞他的天才。对詹姆斯来说，琼给他的尊重和仰慕是他在玛丽昂身上从未体会到的。他承认有时在自己的意识边缘出现了什么：琼对他来说比妻子更可爱、更性感、更美好。他幻想如果和琼而不是玛丽昂结婚，生活该有多幸福。这些难以抑制的想法左右着他的感受。他感到和妻子之间日益加深的鸿沟。对琼的思念取代了他的罪恶感。

詹姆斯和琼的关系在他们相识之初的 6 个月里并没有发展成性关系。但他早在这之前就开始背叛了。甚至在遇到琼之前，当他第一次把玛丽昂和之前爱慕他的女友作消极对比时，就已经开始对妻子不忠。再加上詹姆斯夫妇相互疏离，隔膜越来越深，一点一滴的消极事件逐渐组成万劫不复的瀑布，导致了他最终对妻子的背叛。

詹姆斯在此事中并非无辜，但他也并非故意。只是忘记了自己的弱点。我知道很多婚恋专家听过不知多少类似的故事，他们总是会说不忠的出现是由于詹姆斯和玛丽昂忽视了他们的婚姻。他们会说，所有的婚恋关系都像汽车一样，需要调整发动机才能保证其持续平滑运转。人们相信，即使你买到了梦想中的汽车，如果不作保养，10 年之后它就会变成一坨肮脏的废铁。但人不是车！尽管“忽视”严重影响了人们对婚姻的满意度，但仅仅让他们互相拥抱是不够的。

出轨是怎样发生的

我们已经走过了伴侣信任标尺坠落的轨迹——从双方拒绝倾听和忽视对方的情绪开始，演变成怒不可遏、一堆不能解决的遗憾事件、蔡格尼克效应、不断吸收的消极信息，直到最后失去信任。所有这些都在詹姆斯和玛丽昂的婚姻中发生了，他们不顾对方的感受，不能识别出对方痛苦的信号。渐渐，他们不再表达自己的不满。他们避免吐露自己的需要，这样就不会陷入冲突。这种试图“拯救”婚恋关系的努力却起到了相反的效果——会逐渐降低两人之间的信任，把他们一步步带进捕鼠器。

这个忧伤的轨迹将婚恋关系中的伴侣变成了敌人，但它也并不总会这样。让我感到惊讶的是，困在这种悲惨的、没有尽头的战争中的伴侣中有 30% 能保持彼此信任。尽管他们的信任标尺已经坠落，却能固守在零和博弈的位置上。他们仍然会为婚恋关系做出牺牲，并把它摆在首位。他们没有婚外情或者背叛行为。在一些案例中，伴侣们保持忠诚的原因是他们维护家庭尊严的信念。抑郁和较低的自尊也会帮助伴侣维持关系，但这样的婚恋关系是一种悲哀。

剩下的 70% 的痛苦伴侣中至少有一方的信任标尺坠落了。他或她再也不认为婚姻是神圣不可侵犯的，也不愿把它放在首位，然后背叛标尺会上升。当至少一方的信任度很低时，婚恋关系不但开始踏上进入捕鼠器的轨迹，还让他们对彼此失去信任。

消极对比：背叛的最后一根稻草

出现不信任后，消极滑动门时刻就会导致一种可怕的事情发生，我称之为**“消极对比”**（Negative COMP）。不再可信的伴侣并没有转身离开，与此同时，他或她还会拿伴侣跟想象中的或者真实存在的人作比较——结果当然是伴侣输了。比如，卡尔听见普丽西拉在看账单时叹了一口气。他并没有问她为什么叹气，却想到，我的弟媳珍妮从来不会让我弟弟为收入感到难过。这种进行消极对比的倾向，不管那个更好的别人是真实的还是想象的，都预示着伴侣在未来出轨的可能性。

KEY WORD
爱的关键词

消极对比：在信任消失后，消极滑动门时刻出现的行为。这时产生冲突的双方不仅没有转身离开，还会将伴侣与想象中或现实中的他人进行比较。

尽管积极对比和消极对比的概念早就成了社会心理学中婚恋关系研究的一部分，但多年来使用得却不多，因为伴侣间的对比很难在实验室里进行测量。但是已故的伟大心理学家卡里尔·鲁斯布尔特（Caryl Rusbult）博士对这个领域作出了巨大的贡献。她发明了一种简单的自我报告问卷，用以测量伴侣双方的奉献水平。在30年来的一系列研究中，她发现托付终身是一个逐渐的过程，在这个过程中伴侣会越发频繁地从积极的角度用自己的婚恋关系和别人的作比较。

对于詹姆斯来说，他在碰到琼之前就已经开始消极对比了。他发现自己经常想起前女友，用她对自己的仰慕和他从妻子那里感受到的轻蔑作比较。博弈论学家会说，詹姆斯开始评估从婚姻中获得的收益和从其他关系中获得的，发现前者更少。接着，琼出现了。

婚恋关系中的伴侣用自己的现状和其他真实或想象中的可能性作比较是很正常的。如果一个男人对他的妻子微笑，她也回应了一个，他可能会想：“噢，笑得多美啊。她让我没办法再爱上别人。”但是过了几天，她的微笑可能没有那么灿烂，这就会让他有些失望。这时他可能会想：“哼！我在调情，她都没反应！我打赌那边的辣妹一定比她有反应。”这种鸡毛蒜皮的消极对比倒不会伤害婚恋关系，但是时间长了，这种想法的次数多了，就可能导致疏远，最终奔向背叛的悬崖。当玛丽昂被琼比下去时，詹姆斯的婚姻便在不忠的悬崖边摇摇欲坠了。鲁斯布尔特发现在严肃的婚恋关系早期，积极对比会加强一种信念：“这次爱对了。”双方对彼此越来越珍惜，为对方的积极品质心存感激。同时，他们会把对方的消极特质最小化。当莎伦和朋友乔迪共进午餐时，她脑海中却闪现出老公和乔迪男友的交锋。她想：乔迪真可怜。皮特那么不随和，没有一点幽默感。我可真幸运，托尼既亲切又有趣。莎伦快速的积极对比增强了她的感激之心和对托尼的忠诚。

沉浸在积极对比中的伴侣会认为其他可能的组合都不如他们，并且发展出一种“我们对抗全世界”的态度。随着他们对婚恋关系积极想法增多，他们也越来越依赖这段关系来满足他们日益增长的情感需要。他们开始相信，失去对方将是一场灾难。**积极对比的累积效果可以帮助他们渡过偶尔遇到的难关。**尽管 20 年来谢莉的婚姻冲突不断升级，但她仍表示：“尽管比尔有时候会发狂，但只要想想朋友们的老公，我就会觉得自己非常幸运。我不能想象和另一个人结婚会是什么样子。”尽管没有意识到，但谢莉确实考虑了比尔被取代的可能性。比尔无疑胜利了。

相反，一个人如果经常陷入消极对比，就会经常体验到购物时体验到的后悔和执念——我可以有更好的选择。每当提起消极对比的毁灭性破坏时，我总是想起阿比和泰勒的故事。他们是一对年轻伴侣。他们尝试过 5 次不同的心理咨询，却守不住他们 4 年的婚姻，于是向我求助。阿比有一份全职工作，其余时间大多用于照顾他们正值学龄的双胞胎。泰勒是个全职的计算机技术员。尽管他的妻子承担了绝大部分照顾孩子的事务，泰勒仍然觉得自己应该每周至少花上 2 小时和朋友在下班后一起打高尔夫球，而不是在家帮阿比干活。泰勒辩解说，因为他是家里的顶梁柱，多挣这么多钱，放个“小假”也是公平的。他和阿比讨价还价，争取最好的“交易”。阿比当然不同意他的观点。在阿比眼中，长期以来，泰勒已经越来越不值得信任了。他会一个人出去，还会跟阿比为了打高尔夫球讨价还价。她已经厌倦了没完没了地照看孩子，对泰勒的缺席极为不满。因为泰勒不能及时对阿比的需要做出反馈，还经常忽视她希望从照顾孩子中暂时解脱的要求，所以阿比的信任标尺越来越低。泰勒不考虑阿比的利益，也不采取行动增加她的利益。他忽视阿比的抱怨，相反自己却一肚子牢骚。当阿比感到情绪消沉时，泰勒说自己感觉更糟糕。他们经历了太多滑动门时刻，却都没有好好地收场。他们与彼此脱离的感受越来越强，但到现在还没有背叛对方。

一场晚宴上，泰勒正在和一个叫埃莉斯的美女聊天时，疲惫的阿比拍拍他肩膀，示意该回家了。泰勒同意了，但是显然很不情愿。出门时（他后来告诉我），他在想：埃莉斯比阿比快乐得多，也更性感。如果我没娶她，可能会有个更好的妻子。在开车回家的路上，他对阿比抱怨，说他的生活单调乏味、缺乏乐趣。他的妻子一听就知道泰勒在拿她和埃莉斯作比较。糟糕的争吵不可避免了。阿比要泰勒知道，她希望她能“嫁给一个能欣赏我、理解我生活艰辛的人”。又是一个消极对比。

关注**“如果”**已经成了泰勒和阿比的思维方式。无论何时，只要他们中的任何一个人转过身去，“谁需要这个混蛋？”夹杂着“我和别人在一起一定会更幸福”的想法就会萌生。难怪他们尝试了5次心理咨询都没有效果。阿比和泰勒越是被这种不可抗拒的生活压力折腾，就越是痴迷于幻想代替品。他们的根本问题不是频繁的争吵，不是泰勒和其他女人的调情，也不是他拒绝全力承担起父亲和丈夫的责任。他们婚姻陷入僵局的原因，就像鲁斯布尔特的研究显示的那样，是他们还没有对对方做出承诺。他们对他人的幻想说明他们都把婚姻关系看作是有条件且不重要的。这使得泰勒表现自私，让阿比感到被抛弃——他们都觉得拒绝沟通是理所应当的。毕竟，如果和别人在一起，一切都会比现在好。

阿比和泰勒被真相震惊了。他们一直在试图拯救一段根本没有开始的婚姻。我最后一次和他们联系时，他们又开始进行心理咨询了。通过注意在滑动门时刻的坦白和积极沟通，他们的关系有所好转。

很多人在婚恋关系中做出消极对比，却不承认。他们放置或忽略那些危险的想法，因为他们认为每个人迟早都会有这些想法。这是事实。但当这些想法与疏远、缺乏沟通等行为一起出现时，就像吉姆、泰勒和阿比那样，会造成很大伤害。如果忽略它们，伴侣就错过了提醒他们关系出现问题的警报。

伴侣们卡在捕鼠器里作消极对比时，他们的关系也在呈螺旋式下降。他们越消极，就越容易做出消极对比。这反过来也让他们更不幸福，产生更多的消极想法，就这样一直恶性循环下去……我把捕鼠器加上压倒性多数的消极对比的形式称为“背叛的温床”。当一个新的选择出现在其中一人的生活中时，不忠随时可能发生，即使像詹姆斯那样不断对自己说“我没有越轨”也于事无补。

出轨路线图：从可能到事实

我们现在应当能理解不忠是怎样产生的：缺乏真心交流加上消极对比。但是“背叛的温床”是如何滋生出让伴侣伤透了心的行为的呢？为什么不锻炼自己的自控能力，让行为正派呢？我相信向科学寻求答案比关注人类的劣根性更有效。把负心人当作恶魔并不能阻止背叛的发生，也不能消除不良后果。

已故心理学家雪莉·格拉斯（Shirley Glass）在她的著作《并非普通朋友》（*Not“Just Friend”*）中描述，不忠从一开始毁掉的就是婚恋关系的“墙”和“窗”。通常，长期且有承诺关系的伴侣会在他们和世界之间树立起一道墙来保护他们的小天地，而会给对方留一扇窗。这种情景并不意味着只有他们两人绑在一起。他们在婚恋关系之外都有自己的生活和经历——工作、家庭、朋友、追求。但在这些时候，他们也会与他们用对彼此的亲密与信任筑成的“避风港”所带来的安全感相伴。然而，一旦背叛在其中滋生，毒素就会悄无声息地侵蚀避风港。

首先，秘密出现了。当双方不再信任彼此，有了自己的秘密，冲突力量便蓄势待发。当令人懊悔的事件削弱了伴侣间的承诺时，沉默才可能被打破。伴侣们很容易受到伤害，尤其是在生活中发生重大变化时，比如又生了孩子或者换了工作，或者是在发生意外时，比如父母去世、疾病或者子女出现问题。哪怕最牢固的婚恋关系也会受到这些因素的考验。背景、禀性和理念的差异变得格外突出。这时，如果一个人伸出手，却发现另一个人“不见了”，如果他们不能就这件不愉快的事坐下来沟通,失望和孤独就会泛滥。拒绝可能并不明显，尤其在伴侣就这件事发生过争吵之后。但他们只是“围绕”它争吵，留下的未解决的伤痛则永远不会平复。

一旦双方出现过对彼此情绪的忽略和轻视，造成了双方信任水平降低的后果，伴侣们为了不让情况变得更糟，就会尽量避免冲突。他们回避着不稳定的事态，把它们胡乱塞到地毯之下，直到像诗人罗伯特·克里利（Robert Creely）所说的那样，“地毯皱了起来”，他们会对起皱的地毯敬而远之。当伴侣拒绝打破现状时，他们甚至会相信，通过在关系之外获得满足会对这段关系有好处。

当婚恋关系岌岌可危时，对伴侣坦白似乎会适得其反，因为那样会伤害他。当詹姆斯第一次碰到琼时，他能对玛丽昂说什么呢？“你猜，亲爱的，我在‘杯具酿造’喝咖啡时有个美女搭讪我。感觉好极了！”他对玛丽昂说这些，还不如直接告诉她，她的新工作让自己感到懦弱并且“像个娘儿们”。他绝不可能承认，甚至不会对自己承认！像詹姆斯这样避免冲突是因为他把消极情绪等同于炸药。如果他把内心的纠结告诉玛丽昂，他会感到自己引爆了婚姻的自杀式炸弹，所以他没提过琼或者碰到她时激起的复杂情绪。他忽略了这些，让消极对比变得更加理所当然。

但是因为没有对玛丽昂坦白，詹姆斯剥夺了她表现支持和爱的机会。用格拉斯的观点来讲，缺乏自我表露在伴侣间本该打开互信之窗的地方树立起一道墙。结果就是，情感上的距离让有秘密的人变得孤独。

像詹姆斯这种在面对性诱惑时表现出缺乏克制和道德品行的人在美国常会受到谴责，但这对他们并没有帮助。事实上，研究表明，大多数婚外情并不是色欲引起的。瞬间的性吸引是人类生物性的一部分，甚至在最和谐的长期婚恋关系中，人们也不会对外界的诱惑视而不见。但如果婚恋关系可以满足双方的情感需要，他们就会给色欲的念头筑起围墙。在牢固的婚恋关系中，伴侣没必要泄露被他人短暂吸引的事实。但如果你们之间的信任水平很低，你们确实需要作一番讨论，即使这看起来是具有破坏性的。为了说明这两者间的区别，试想一下，一对伴侣在街上与一位美女擦肩而过。丈夫迅速看了一眼。妻子注意到了他游移的眼神，问道："你觉得她比我漂亮吗？"如果他们在性和情感上的联系十分强烈，男人可以说："不，你比她漂亮多了。"哪怕这也许只是个善意的谎言。即使妻子知道他在说谎，也会把这当成是源于爱和尊重的小把戏。相反，如果伴侣双方的乐趣已经被谎言毒害，丈夫否认被吸引并拒绝谈论这件事就具有破坏性了。我不建议粗鲁地回应："对啊，她比你性感多了。"这么说对关系一点好处都没有。但如果换一种说法就会好很多："我有时确实会注意其他女人。我想这是因为咱们好久没谈谈或者做爱了。这已经开始对我产生影响了。我怀念过去的你，怀念过去的我们。"我承认这很难说出口，但它很值得。（你会在第 9 章找到如何进行此类棘手谈话的建议。）

接着，墙和窗的位置互换。当婚姻中的不幸让一个人像詹姆斯那样对其他人敞开心扉时，所谓的"牢固关系小屋"就受到了最危险的结构性破坏。他把他的新知己当作了家庭矛盾的避难所。现在，伴侣共筑的墙消失了，取而代之的是一道将他们隔开的新墙和一扇联结着詹姆斯和他新朋友的窗。詹姆斯开始对琼吐露他和玛丽昂的生活时，他正经历了这种位置的互换。但是麻烦并没有就此停止。和詹姆斯一样，很多出轨者无法承受失去一个能够提供安抚和情感联系的知己。他们在新关系周围筑起围墙，保卫它在“原配”面前的安全。

出轨者抛弃了伴侣和婚恋关系。当你和婚恋关系之外的人建立关系，你对长期婚恋关系的态度就会发生不可避免的转变。转变迅速开始了。消极情感压倒性地闯入，你重新回顾你们的关系时关注的都是伴侣的缺点，而把优点最小化了。过去的你眼中的保护伞现在成了控制狂。深切的感情也变得缠人。害羞变成了目中无人。你过去把伴侣当作宝贝，别人的爱情都一文不值。现在你们的关系一文不值，你开始抛弃对方。过去你幻想你们共度未来，梦想你们拥有同一个目标，为自己在茫茫人海中碰到“对的人”感到幸运。现在，相反的想法在你的脑中挥之不去。这种转变让你对潜在的情人发出的信号变得敏感。

背叛者认为伴侣不值得信任。当墙和窗互换了位置，房子也就不再坚固了。婚恋关系开始沦为讽刺性的悲剧。潜在的“出轨者”开始不信任他的伴侣。你可能会觉得相反的情况更可能发生。但是当我分析这些伴侣在实验室宽容的气氛下的互动时，结论变得很清晰。秘密产生距离。准出轨者感到的情感联系越弱，就越不信任他的伴侣。尽管准出轨者是悲剧的始作俑者，但在他们眼中，伴侣才更加不值得信任。在爱情实验室中被问起他们的婚恋状况时，准出轨者们会说自己的另一半“自私”。无辜而不快乐的伴侣看起来只在乎自己。出轨的一方这时会存在两种截然相反的想法：“我已经有家室了”和“我爱上了另一个人”。为了解决这种认知上的失调，出轨的一方经常将造成自己脆弱和孤独感的责任判归对方。他会想“这不是我的错”，“我没做错任何事”以及“我是被绝望所迫”。

我所做的研究中的一位女性切尔西在刚得知母亲被确诊为癌症时感到心烦意乱。她让丈夫格兰特取消橄榄球比赛，花一天时间陪陪她。但是格兰特无论如何都决定要去打球，因为没有他球队就会被判违约。在格兰特眼中，在比赛中出现是从道德层面作出的选择，因为这样会让较少的人失望。切尔西感到痛苦与受伤。但是她没有坚持让格兰特留在家里。因为没有坚持自己的想法，也没有表达自己的感受，切尔西剥夺了丈夫守护她的机会，把这个机会让给了其他人。随着母亲情况的恶化，切尔西开始向她的网球教练寻求关注和支持以作慰藉。当他们的友谊转为性关系后，切尔西反而感到格兰特不值得信任，以此为自己的行为找一个合理化的借口。

牢固的关系不是一天建立起来的。想象镜头快速倒退的画面——大厦分崩离析，砖瓦被一块块拆下……这种拆除的过程就是秘密对伴侣来说最危险的一点。如果不进行干预，他们的爱情就会被拆成碎片。

突破底线。背叛者现在已经准备好和新伴侣发生性关系。在婚外情中，他们身体上的初次背叛可能会有多种方式。过程是极其缓慢的。在很长一段时间内，人们允许自己去跨过一些不重要的线，谈论亲密话题（“我不信你这么迷人都没人约！”），互诉衷肠，凝视双眸，不经意的碰触，经意的碰触，吻别，长吻，幻想和对方在一起，感觉好像伴侣一样，等等。但即使是在和新欢发生性关系之前，出轨者也已经不能再爱旧爱了。伴侣间亲密情感的缺失让他们的关系失去保护，岌岌可危。

爱的博弈论 WHAT MAKES LOVE LAST

伴侣出轨不是一夜之间的事，他们是在不知不觉中以一种缓慢到无法觉察的速度滑向这条不归之路的。从不再信任彼此，到找到新的知己，再到突破底线，婚恋关系本身才常常是导致外遇的原因。

WHAT MAKES LOVE LAST

04 男人与性

|与性背叛有关|

HOW TO BUILD TRUST

AND

AVOID BETRAYAL

伟大的喜剧演员比利·克里斯托（Billy Crystal）曾经说过，女人需要做爱的理由，男人只需要一个做爱的地方。在不区分性别的前提下去分析身体背叛是虚伪的。心理学研究大多支持克里斯托的说法。平均而言，男性比女性更关注性。不论这种差异是生理还是文化因素导致的，它的存在很难否认。研究表明，**在结婚或同居的异性伴侣中，男性比女性更常成为性行为的发起方**。实际生活中这个比例可能更高。我对新婚夫妇的研究显示，在第一个孩子出生后的 3 年内，男性的性需要次数为 1 周 3 次，女性的则为 2 周 1 次。6 比 1！通过让这些伴侣不断回答专门的问卷，我还发现，近 70% 的新父母们经历着友谊感的减退，这削弱了性爱的激情。这种情感联系的恶化会让伴侣倾向于作出消极对比。

男性相对强烈的性冲动并不会让他们感到糟糕、放荡、不道德或是有罪，然而承认男女有别对于缓和出轨对婚恋关系的潜在危害仍然是有好处的。常识和研究都表明，男性至少更容易受到诱惑而出轨。但是话说回来，越来越多的研究发现，自从女性进入劳动市场以后，其出轨率逐渐接近了男性水平。

女性在婚姻中的出轨行为看起来要早于男性；根据一些研究，对于女性来说，“七年之痒”并不准确，“痒”从第 2 年到第 4 年间就出现了。

如果男性比女性作出的消极对比更多，可能是因为男性更容易受到视觉刺激并产生性欲。对大多数女性而言，情感联系和触碰会激起一些性的感觉。对男性而言，因为外在视觉刺激而产生的性兴奋会首先到来。男性的性渴望可能会很快发展出更深层次的联结。即使是忠诚的男性也会有被他人吸引注意的自然冲动。一旦你看了，就可能有机会想象一个伴侣之外的人进入你的生活，作出消极对比。但重要的是记住，绝大多数外遇都和性无关，那些尝试只是为了找一个对你感兴趣的人来弥补孤独的婚姻罢了。这种对陪伴的渴望是没有性别之分的。

爱的博弈论 WHAT MAKES LOVE LAST

对新婚夫妇的研究显示，在第一个孩子出生后的 3 年内，男性的性需要为 1 周 3 次，女性则为 2 周 1 次，比例为 6∶1。近 70% 的新父母会经历友谊感的减退，削弱性爱激情。

性真的会成瘾吗

听起来挺简单——平静地给不忠一个借口：“不要责怪我。我有性瘾。”这些日子以来，关于明星性瘾的新闻像旋转门一样，接连传来。又一个家喻户晓的人物陷入拉链门丑闻，声称其有性瘾，被送入康复中心治疗。而他一旦出院，又会继续出轨。这些新闻是为了吸引你的眼球，但性瘾确实存在，也是一些通奸行为的根源。使用“性瘾”这种表述，给“容忍”和“退缩”加上了双重标准。性的瘾君子需要不断增加刺激来获得满足，同时又需要让自己感到“正常”。如果成瘾的行为突然停止，就会为其带来严重的生理和心理痛苦。现在尚不清楚是否所有高频率性行为都符合这个定义，但这并不能使他们的婚恋关系免遭破坏。

我给受通奸行为破坏的婚恋关系推荐了一种疗法（详见第 10 章），它可以帮助伴侣和性瘾作斗争。但还需要额外的专业帮助才能战胜依赖和强迫。很多婚恋关系都毁于某种形式的依赖——包括酗酒和药物滥用。

帕特里克·卡恩斯（Patrick Carnes）的著作《走出阴影》（*Out of the Shadows*）也许是在理解和诊断性瘾方面最有影响的作品。卡恩斯曾治疗过高尔夫球运动员老虎伍兹（Tiger Woods）。他关注性成瘾者受损的思维。这种思维会引起合理化和否认，成瘾者会相信自己的谎言。卡恩斯提出了下面的性成瘾循环理论：

- “走火入魔”：所有的遭遇和想法全都通过性强迫思维进行过滤加工。
- 仪式化：遵循着一种行为路径，使得性瘾越来越强。
- 强迫性行为：进入强迫的核心——性行为，并且没有能力控制这种行为。
- 绝望：感到无力，失去改变的希望。

有时候，性瘾只会针对某些特定性唤起模板——那些让性成瘾者痴迷和强迫的对象，可以是从特定的内衣到虐待和受虐幻想的任何东西。和对其他事物上瘾一样，痴迷和渴望超越了性成瘾者曾经珍视的一切，包括家庭、朋友、工作、伦理、信仰和社会。性成瘾者不能战胜诱惑，不能在不先与受损的思维、强迫行为和泛滥的欲望作一番斗争的情况下不假思索地拯救至亲。性瘾的冲动是如何让人愚蠢犯险的呢？打个比方：男性暴露狂经常会向行驶的汽车里的女性暴露生殖器，从而造成车祸！

当色情导致背叛

互联网上有超过 5 亿的色情网页，几乎全部针对男性。色情业每年会在世界范围内制造超过 970 亿美元的产值。色情和性瘾之间存在联系不足为奇。即便使用这些图片而没有上瘾，也可能损害婚恋关系。对着图片自慰会分泌催产素和后叶加压素，这些激素都和依恋有关。色情产品使用者可能会有成为恋物癖的风险。

如果一对伴侣利用色情产品增加他们之间的欲望和做爱的快感，当然不必担心成瘾。但更多的时候，色情产品是单独观看的，即使这种习惯没有从技术上达到形成强迫症的程度，仍会被看作背叛的根源。绝大多数色情产品会加速我们之前提过的那些背叛的步骤。

‖联结和情感的缺失‖

色情场景几乎总专注于无感情和纯生理的内容。它们描述的是与浪漫无关、不带任何感情、随意的性行为。社会心理学家道尔夫·兹尔曼（Dolf Zillmann）和简宁斯·布莱恩特（Jennings Bryant）在《色情》（*Pornography*）一书中分析了色情电影的内容，总结出典型的色情脚本：陌生人相遇，做爱，永远不再见面。如果一个普通的色情产品消费者对性的期待就是在洗手间里做同样的事，那么问题就来了。色情产品的消费者可能想让他的伴侣和他进行角色扮演，但这会让她不高兴。他可能"需要"使这种场景成真以寻求刺激，因为他总是对着这样的场景自慰。色情的过度使用也会影响伴侣间的情感联系。詹妮弗·施奈德（Jennifer Schneider）在对至少其中一方为网络性爱成瘾者的伴侣们的调查中发现，70% 的伴侣中至少有一方会对真实的性爱失去兴趣。

‖隐藏秘密‖

大多数色情产品的消费者感到必须向他们的伴侣隐藏自己对色情的迷恋。这个秘密本身就会使伴侣之间产生距离，减少亲密感。这反过来又会增加对色情产品的依赖。

‖消极对比‖

每次高潮都会造成催产素和后叶加压素的分泌，使得情感联系增强。高潮越强烈（在实验室中测量），分泌量越大。在色情活动中，高潮则会增强人们与色情画面而不是伴侣的联系。这会让色情产品在消极对比中战胜伴侣。

‖抛弃伴侣‖

随着色情网站尺度一再增大，色情产品的内容越来越低俗和暴力，尤其是在对待女性的方面。为取悦男性，这些幻想大多包含控制女性的内容。这种期待可能会给愿意配合男性实现凌辱幻想的伴侣造成伤害，或者会让因厌恶而拒绝配合的伴侣变得疏远。无论如何都会造成伤害。

‖出路‖

由于偷窥网站、聊天室、色情电话以及大量接触职业和业余性工作者的机会的存在,色情服务成了通向真实背叛行为的阶梯。从色情到出轨的典型的“堕落”轨迹是这样的：看图片、视频，寻找更快更强烈的刺激方式（特殊身材的对象或者角色扮演），和同样的强迫者网聊，幻想真实见面的情景，允许自己突破底线。

如果色情正吞噬着你的婚恋关系——或者你害怕发生这种事——可以采取的措施有很多。接下来的几章会给你提供一些见解和建议，帮助你暴露出自己生活中的问题，提高与伴侣间的亲密度。另外，个别治疗可以帮助强迫型色情产品消费者找到问题的根源。

WHAT MAKES LOVE LAST

05 背叛的10种方式

|从精神出轨到消极对比|

HOW TO BUILD TRUST
AND
AVOID BETRAYAL

身体出轨所带来的破坏并非是毁灭婚恋关系中的信任的唯一方式。其他形式的背叛也可能产生与外遇一样的破坏性，但经常不会被发现或会被“大事化小”，这些事件的受害者也常常这么做。当一对伴侣一直处在糟糕盒子中，双方都感到对方没有把他们的关系放在首位，他们可能没有发现，他们的问题其实是一种背叛。他们感到困扰，为什么他们对彼此不满，没完没了地吵架。他们可能会说自己的伴侣“变了”，或者他们“没有共同成长”，或者“合不来了”。

消极对比在心理出轨中占据着关键位置，因为它形成了一切外遇的源头。在这些案例中，如果一方在被比较时不如其他人，不满的一方不会出轨，但会通过其他方式表达出对关系的不尊重和贬低。

在一些案例中，一方会将他们不满意的现状和另一种处境作比较，而不会针对具体的人（如果我当时选择了纽约的那份工作而没有结婚，生活中的一切也许会更好）。尽管这种不尊重可能是背叛的前兆，但对很多伴侣来说，所谓的出轨也就到此为止了。

有时伴侣双方都意识到某个人在做消极对比，但是他们不愿承认或者没有意识到危险性。他们会想：“没有人会对自己的生活完全满意，不是吗？这种不忠看起来没有绯闻那么糟糕。”但是，它有。婚恋关系是互相信赖、互相尊敬、互相照料和互相保护的契约。任何威胁到契约的事情都是背叛。确实，一些背叛在伴侣之间是不可避免的。但因为两人并不同步，背叛甚至可以侵入最强的情感联系之中。互相信赖的伴侣和其他人的不同之处在于，他们为了不让背叛消耗两人的感情，会想办法改正或者挽回。

婚恋杀手藏匿于两处：欺骗（为了避免令人不快的冲突而隐藏真实需求）和渴望从伴侣处得到无法得到的情感联系。下面是10种我在婚恋关系中发现的常见的背叛方式。（以后如果出现新的方式，我也不会感到吃惊。）只有在当下直面任何一种背叛，两人才能重塑对彼此的信任。

请注意：最糟糕的背叛——通过暴力手段对受害人进行身体或情感上的虐待——没有被收录。不要利用本书去改善那种关系。任何不想得到的触碰都是身体虐待，包括在卧室里被强迫的、不情愿的接触。情感虐待包括社会隔离、性压迫、极度嫉妒、当众羞辱、蔑视或贬损、暴力威胁或者其他令人惧怕的行为，或是对财产、宠物或子女的侵害。如果你的伴侣存在虐待行为，你要告诉自己，他不应该这样对你，并且寻求帮助。有很多非营利性机构和政府项目等待着帮助和你有相同境遇的人们。你们应该得到支持。

对照下面的清单，看是否存在一些让你感到很熟悉或者不舒服的情况。如果有，你可能正面临着潜在的背叛。这就像发现你的伴侣和其他人的暧昧短信一样严重。这份清单不是要让你谴责对方或者选择分手，也与谁对谁错无关。像身体出轨一样，如果你能够发现问题并且修复关系，这些背叛都是可以战胜的。我没有将它们排序，理由很简单——它们都是危险的。

不完全承诺：最肤浅的约定

这时潜在的态度是："我会和你在一起……直到更好的人选出现。"在第 3 章中出现的泰勒和阿比就是这种背叛的典型。这种伴侣可能会调情、暗送秋波或者发出其他信号告诉别人他们在"寻求交往"，尽管他们不会继续进行下一步。他们并没有全身心投入到婚恋关系中，因此从争执、流感到工作压力的任何事都会减少伴侣从他们那里获得的亲密感和支持。受背叛的一方将导火索当作根本问题（"她正担心晋升的事呢"）并不罕见，尽管此时**肤浅的承诺才是万恶之源**。

当一方催着另一方结婚或者同居、希望借此加深两人间的感情时，双方比较容易陷入不完全承诺的关系。在不想结婚时，结婚几乎永远都是错误的选择。

如果婚姻是为了创造幸福而不是出于幸福，那么这样的婚姻很难成功。随着时间的流逝，肤浅的承诺会越发透明。安娜回忆起她的第一段婚姻，这段婚姻的崩溃始于丈夫停止组建家庭。一开始，安娜以为他是为要不要做父亲而犹豫不决，但当他们进行情感咨询后，一切变得清晰起来。他的不情愿是因为不想对安娜做出更多的承诺。她的反应既坚持又绝望。她害怕失去所拥有的一切，直到她接受了一个事实，就是她从来不曾真正拥有过它们。"我现在再婚了，也有了孩子，在回忆过去时就轻松了许多。我才意识到我的第一任丈夫并不合格。他对我并不忠诚，就像他一直在坚持和我逢场作戏地调情。现在我明白了伴侣应该给出怎样的承诺。"

在一些不完全承诺的案例中，一方并没有将另一方和其他人作比较，但是会把实际情况和其他情况比较。为了能让交往多年的男友享受她的保险，戴尔德丽和他结婚了。她以为他们可以"直到永远"，她的丈夫却开始对中国产生了狂热的兴趣。他在业余时间阅读有关中国的书籍，学习中文，并把全部假期用来在中国旅行。他获得了一个改变职业生涯的工作，并且可以搬到中国居住，可是戴尔德丽并不想走，而他无论如何都要离开。于是两人离婚了。这对伴侣的纠葛在于他们共同的价值体系崩塌了。亲密伴侣需要对彼此袒露他们的生活目标和意义。当伴侣无视或者拒绝讨论深层问题时，他们就只剩下浅层的承诺。想要避免这种情况，伴侣要特意花时间去讨论他们的目标和梦想，而不是坐等这样的时机出现。

精神出轨：危险的亲密关系

如果你和一个人在一起久了，就很容易发展出柏拉图式的情愫。有些人把同事称为“工妻”或者“工夫”。当然，在其他地方也可能发展出这种关系，比如健身房、酒吧或咖啡馆，或者在兴趣或志愿活动中。这些关系从定义上说是精神性的，但是他们会了解彼此生活中最隐秘的细节。拥有工妻或工夫并不一定是背叛。判断规则是：如果你认为你的伴侣看到你和这个人的互动会感到不悦，或者因为你与其分享隐私而感到不安，那么这种亲密就是危险的。你正在调换你们牢固的婚恋关系中的墙和窗的位置去藏匿新的关系。如果你的伴侣发现了第三者发来的邮件，后果就会像须后水的痕迹或者床单上的香水味一样具有毁灭性。

马戈在后院为丈夫肯的中学教师同事们举办野餐会时察觉了他的精神出轨。肯从来没提过薇姬。她是数学组的新组长。所以可以想象，当这个女人在野餐会上直接叫出她家宠物狗的名字时，马戈有多么的震惊。她还拿它嚼肯的袜子的事和肯开玩笑。薇姬看起来对肯的方方面面都无所不知，她甚至还给孩子们带来了他们最喜欢的泡泡总动员游戏。这个女人怎么会知道这么多？肯看起来有些局促不安。马戈忍住了。后来她质问肯时，肯辩解说他和薇姬的友谊“没什么大不了”，因为他们“只是朋友”。他埋怨马戈太情绪化、嫉妒心太强，他说这就是他不愿意提薇姬的原因，因为他知道马戈会生气。

马戈确定她的愤怒和嫉妒并非出于不理性的原因。不管肯自己是否承认，马戈都认为她的丈夫出轨了，证据就是他没有告诉她薇姬的事。

贾丝明也面临着“伙伴”问题。令人吃惊的是，她的版本很常见。她的丈夫查理从来不会忘记他的前妻。无论何时，只要艾丽斯需要帮助，查理就会飞奔而去。贾丝明尊重丈夫的同情心。他是个正直的人，知道艾丽斯如今的遭遇都是他们分手造成的后果。但是贾丝明的耐心是有限的。一天晚上，她下班回家时发现艾丽斯正坐在她的沙发上喝薄荷茶。

“她家停电了。”查理解释道。

“她难道从来没听说过宾馆这种东西吗？”贾丝明反对说。那天晚上，她对丈夫下了最后通牒：“我还是她？”查理同意切断与艾丽斯的联系。

你怎么知道自己的伴侣和其他人的关系是精神出轨还是普通朋友？这种友谊是秘密的吗？你的伴侣不欢迎你问及他们之间的关系吗？你要求终止他们之间的联系而被拒绝了吗？你的底线被侵犯了吗？（“我不是跟你说过了吗，不要跟他一起去听音乐会！”）这个朋友是你们之间的关系出现问题时他（她）幻想的对象吗？如果以上所有问题的答案都是肯定的，那么这段友谊就太过亲密了。

说谎：损耗信任的武器

很容易理解为什么简单而老套的欺骗就能摧毁一段关系。有时双方都对这种行为感到内疚。尽管埃玛和韦恩觉得自己的婚姻很幸福，他们的婚姻中仍然充满频繁的“胜者通吃”式的争论。他们开始有各自的秘密，以避免关系紧张。

在妻子不知情的情况下，韦恩会给他无业的瘾君子弟弟一些钱。当埃玛问起他账户里少的钱时，韦恩说他用这些钱请客户吃饭了。他知道，埃玛如果发现他把钱花在哪里是会生气的。当韦恩的母亲打电话求埃玛不要让韦恩继续给他弟弟钱时，埃玛才知道事情的真相，正是这些现钱让他弟弟不去寻求治疗。

埃玛非常生气。被她质问时，韦恩喊出了真相：“我不告诉你是因为我知道你会像现在这样发脾气。他怎样你都不关心。但他是我弟弟。”

同时，埃玛也有自己的秘密。她认为他们一年级的儿子丹尼尔在阅读方面需要更多的帮助（他的老师也同意），但是韦恩坚信丹尼尔没问题并拒绝给他找学习专家辅导。焦虑的埃玛瞒着韦恩带丹尼尔去做了测试。丹尼尔被诊断出患有阅读障碍。埃玛很难过，但问题被确诊让她松了口气。当她告诉韦恩后，韦恩因为她背着自己带孩子去做检查而感到愤怒和受伤。埃玛的欺骗让他们无法把注意力放在儿子的问题上。

人们为息事宁人而说的谎反而会破坏信任。尽管它们是有害的，但也不至于对一段关系造成毁灭性后果。一旦谎言暴露，你们可以在引发谎言的事情上下工夫。但是如果你的伴侣存在另一种欺骗行为，那么你就该警惕了。有一种人无时无刻不在欺骗。长期的小谎言虽然不会威胁到婚恋关系，却会损耗彼此之间的信任。这种谎言并不是另一个人的错，也不是因为婚恋关系中出了什么问题，而是这个人本身的人格问题。

如果家长过于严厉、冷酷、权威、漠视情绪，那么孩子就会养成撒谎的习惯。孩子学会用撒谎来让自己看上去不错，从而逃脱家长严厉的惩罚。成年后，即使没有惩罚的威胁，这种撒谎的习惯也很难改正。为了改正这种习惯，让他们与伴侣建立开放、诚实、亲密的关系成为可能，他们也许需要心理治疗师的帮助。

反伴侣同盟：关系双面胶

5 年的婚姻之后，康妮在面对生活中的重大选择时仍然要听从母亲的决定。她向这位年长的女性寻求生活方面的意见（她总是热情地回答），包括丈夫汤姆的禁区，怎么管理他们的财务和怎么教育孩子。如果汤姆的看法和她母亲的意见相悖，那么康妮就会听从母亲的。更糟的是，这两位女性还结成了一个被汤姆称作“批评汤姆俱乐部”的联盟。她们评论汤姆的工作方式、他的衣着（除了康妮给他买的那些）以及他的说话方式。无论什么时候，只要他们吵架，康妮就会找母亲诉苦，她们便会联合起来对付汤姆。

在咨询中，康妮责怪汤姆时常让人感到痛苦，坚持说汤姆反应过度，对她不公平。她和母亲关系亲密有什么错吗？在治疗中，康妮开始理解和母亲保持健康的感情关系与结成“抗夫联盟”的区别。汤姆的愤怒也可以理解，因为康妮一直否认他给予了自己每个人都渴望从伴侣处获得的情感支持。她需要将母亲置于婚姻之外。只有当她承认汤姆感受到背叛，承认汤姆的抱怨是合理的，他们的关系才能得到改善。（她母亲被这种变化伤害，并且企图通过增加对汤姆的批评来努力挽回康妮，但她最终失败了。）

另一个更常见的联盟是由丈夫和婆婆组成的。婆媳无法和睦相处，婆婆总是时不时地干预儿媳，丈夫夹在两个女人之间做调解时，就会偏向母亲而背叛妻子（“她只是想帮忙”、“别这么敏感”、“她也是好意”）。这种动力是战斗开始的潜在原因。两个女人竞争在男人生活中的首要地位。丈夫有义务给母亲一个明确的信号：他的妻子是第一位的，他不能忍受对她的批评。丈夫必须对他们婚姻生活中的私密细节守口如瓶，尤其是当他和妻子发生冲突时。他可能需要减少和母亲在一起的时间或者通话频率，如果这些已经干扰到了他的婚恋关系。

缺席或冷漠：最致命的错误

那个差点终结了蒂娜婚姻的早晨始于当时她父亲正在经历的那场致命的冠状动脉血栓。她的丈夫吉恩对她表示歉意，说他有个重要的会议，不能和她一起去医院。她坐在等候室啜泣——不仅是因为父亲危险的状况。她感到极其痛苦，但她给丈夫打的电话却转到了语音信箱。蒂娜试图说服自己，吉恩必须开那个会。这对他的未来至关重要。她振作起来，不让丈夫知道自己有多受伤、感到被抛弃。

但是由于蔡格尼克效应，这个没有彻底解决的问题在她心里不断发酵，让她开始冷落和疏远丈夫。当滑动门时刻出现时，她转身离开，看起来对丈夫的担心毫不在乎。“就好像她和我不是一家人了。好像我连碰她一下都不行。”吉恩说。他问蒂娜怎么了，蒂娜总是回答“没事”。他认为蒂娜的这种变化是失去父亲的痛苦造成的。

吉恩犯了一个致命的错误。他没有在妻子产生情感需求时将她放在首位。但是蒂娜接下来的冷淡将他们的婚姻置于险境。这两种反应共同将他们的婚姻引上了下坡路，他们最终考虑分居。这次迟来已久的谈话终于在一天晚上开始了。蒂娜试图弥补隔阂，她告诉丈夫他的那次缺席让她感到愤怒和被拒绝。她的诚实让丈夫迟疑着承认，那次之所以要躲到工作后面，是因为他觉得自己没有能力帮助蒂娜应对哀伤。他怕自己说错话。他为自己的行为给妻子造成的伤害感到震惊。尽管蒂娜仍然为丈夫的退缩而伤心，但她现在在想，也许他的行为是出于爱，而不是自私。她同意一起去做心理咨询，在那里修复两人之间的隔阂。

情感缺席不一定都这么具有戏剧性。当一个人在生活琐事上需要情感支持时，比如被朋友爽约或者正在为一场演讲而焦虑，情感缺席就如同没有遵守生活中的基本礼仪。婚恋关系需要伴侣无论在生活变化带来创伤还是在日常生活中感到压力时，都要陪伴在彼此身边。这也意味着在有好事发生时能够分享对方的快乐。伴侣之间确实可能有着不同的表达需要，但在婚恋关系中正是要学习怎样让对方感受到爱、安全和支持。

并非所有的情感缺席案例都是可以挽回的。有些人就是无法或者不愿去表达温暖和情感支持。**当一个人缺乏共情时，婚恋关系就岌岌可危了。**除非在极特殊的情况下，双方都乐于处在一种有距离的情感关系之中，否则，大多数人都会为对方不能表达他们的感情而深感被抛弃（没有包含情感联系的性行为也无济于事）。

当你和某个缺乏共情的人开始一段婚恋关系时，你可能会认为对方只是含蓄保守，早晚有一天会放松的。但是他（她）没有。一些人试图通过模仿别人的情绪来掩盖自己的情绪缺席。一方可能要花上数年才能察觉另一方并不是“安静型”。但是最终，冷漠和虚假的关心会被当作残忍—— 一种常常伴随权力欲和控制欲出现的性格缺陷。伊莱恩是一位全职妈妈。在参与心理治疗时她对丈夫说：“如果你对我说我做的事情对孩子而言至关重要，我会非常感动，因为我确实很重要。”安德鲁回答道：“不，我说不出来。我不喜欢恭维。我不要，也不给。我就是这样的人。只有当一件事物需要改进时我才会给出评价。所以我是不会对你说那些的。”伊莱恩必须接受这个事实：安德鲁不会表示他重视她。

性欲减退：有害无益

刺激性欲的标准答案包括性感内衣、小别一周和按摩油等等。如果排除了工作、孩子、其他压力或责任，让你们的卧室变成一个安乐窝，这些可能会有所帮助。但是如果牵扯到更深层的问题，那么性生活的减少就没那么容易扭转了。年龄增长导致的不可避免的生理变化可以让一个人或伴侣双方感到不安全且缺乏吸引力，但会因为尴尬而不愿去进行确认。我见过很多案例，女人控制体重的行为反而让无知的丈夫藐视她的吸引力。往往是因为消极对比和缺乏尊重，一方才不被珍视。还有很多伴侣性动机不一致。甚至有证据显示，**在45岁以上的异性伴侣中，已有15%的人停止了性生活。令人震惊的是，失去性趣的往往是男性。**很多这样的伴侣表示，性生活的减少并没有降低他们对婚恋关系的满意度。但是如果这种衰退并非是通过诚实和关爱的方式处理的，就会产生伤害和拒绝，损害婚恋关系。所以我们必须直面这一点：不管伴侣出于什么原因，性亲密的减少都是有害的。你会在第 11 章找到关于性生活不满意问题的具体内容。①

轻视：最易发生的情感虐待

博比的妻子从来不隐藏对他的鄙视。“为什么你就不能做对一件事呢？”博比把车撞得凹进去一块后，妻子冲他大叫道。博比想换工作时，她骂博比是“疯狂的蠢货”。但是当博比离家出走时，她惊呆了。乔迪的丈夫稍微委婉一点。不管什么时候，只要他俩意见不合，他就会不信任地盯着乔迪说：“任何一个理智的聪明人都会看出你的方法是错的。”（换句话说，你是个疯狂的蠢货！）乔迪建议他们取消和托德朋友的饭局而去和自己的朋友吃饭时，托德翻了个白眼。

不管你的伴侣使用什么方式交流，如果他（她）暗示你是弱者，你就会被轻视。在一段相互关爱的婚恋关系中，没有人能控制对方——而是彼此手牵手。**不论是频繁的辱骂还是细小的怠慢，盛气凌人的态度都是情感虐待。**我最喜欢用的一个例子是，有些人总喜欢通过纠正对方的语法错误或者用词不当的方式来回应伴侣的抱怨。在一场争执中，保罗的妻子说：“为什么你总是纠正我？行了吧！你知道我有多烦感这种行为吗？”保罗回应道：“你是想说‘反感’吧？”这也许很可笑。但一段充满这种反驳的关系就让人笑不出来了。

不公：滋生抱怨的温床

大多数人都相信生活并不公平。人事部打错一个电话，一个懒惰的同事就

① 在附录 3 中，我将根据博弈论分析一些伴侣停止性生活的原因以及让你吃惊的解决方式。

得到了本该属于你的位置。在超市快速通道结账时，排在你前面的人的购物车里有 60 样东西——和 20 种不同的优惠券。但一段充满关爱的长期关系应该成为不公的避风港。这并不是盲目乐观的态度，而是爱的基础。如果一个人占另一个人的便宜，那么双方都不会感到满意。我经常看到这种情况。他可以花大价钱买大电视，她却不能买空中漫步机[①]。或者不知道为什么，他们每次都去了她想去的那家餐馆。这些细微之处的权力较量显示出大问题。

或许最常见的不公就是家务劳动。尽管已经达成了协议，但说实话，某人还是不做他（她）的那份家务。脏衣服扔在地上，千分尺跑到食物篮里，脏盘子摞在厨房水池里而不是进了洗碗机，手纸用完没有人更换。“我们搬到一起时做了一个安排，每人分担一半家务，”凯特琳说，“但是很快，我男朋友就把这里当成了宾馆。每天都不整理床铺，湿毛巾满地扔，没喝完的饮料瓶丢在茶几上。”

通常，家务事导致关系紧张的原因不是谁要像佣人一样做家务，而是不公平。当你加了一天班回到家，却发现脏衣服堆得像雷尼尔山[②]一样高，还有一张写着“我去打牌了”的字条。这时，没有什么能够抑制你心中的愤怒。

另一个滋生不公的温床就是财务。很多伴侣都同意分担这种琐碎的家务，但最后它都会落到其中一人身上。马尔科姆回忆说：“我们结婚时，妻子和我决定共同承担账单——随着时间的推移，这越来越让人头疼了。债主来电时，她就把电话交给我说：‘你懂这些。’我不喜欢却不得不做，所以我还是照做了。我倒希望她当初就说她不付账单。那样的话，我或许不会像现在这么恼火。”

如果一个女人有了孩子后决定留在家里，尽管当初的共识是她会回去工作，但最终经济负担还是全部压在了丈夫身上。他感到必须更加努力地工作。

① 一种健身器械。——译者注
② 位于美国华盛顿州的一座活火山，被认为是世界上最危险的火山之一。——译者注

一方和孩子在一起时，另一方和家人在一起的时间就会变少。一些人会因为自己成了家里的顶梁柱而感到兴奋，但在抚养孩子这件事上并不存在正确的分担责任的方法。孩子的出生会给生活带来空前的变化，你很确定什么方式在将来会对你们的家庭关系有好处。但是如果你想改变一下工作量，你们就得好好谈谈了。独自做出生活的重大决定对你的伴侣来说是不公平的，要告诉他（她）：“这确实很困难——让我们努力克服吧！”

自私：怨恨生根处

长期婚恋关系中的相互依赖意味着，有时一方要为了双方的利益而牺牲自己的。如果一方拒绝表现出这种信任，怨恨就会生根。第一个孩子出生时，基思因为儿童座椅装不进他的新跑车而发火了。他的妻子塔莉娅怪他关心自己的新玩具胜过女儿。她知道这么说不公平。基思爱他们的孩子。但塔莉娅还是很不高兴，因为基思不愿减少工作时间，不愿给孩子建立教育基金（因为他想买艘摩托艇），还不能理解塔莉娅不方便过性生活。女儿的出生暴露了基思的自私，这是塔莉娅之前没有发现的。塔莉娅坚持认为他们应该寻求帮助，基思同意了。他们发现，成为父亲这件事唤起了基思内心深处的需求和恐惧。这些让他变得自私。

违背诺言：让失望蔓延

对于爱情来说，违背诺言就像故意欺骗一样危险。**共同生活意味着就某些基本问题和日常预期达成共识**。你们梦想你们共同的未来，彼此承诺，无论是否坦率地表达出来，这都加强了你们之间的关系。但是如果这些承诺没有被兑现或者被违背，那么失望的情绪就会威胁他们彼此的信任和共同的未来。

乔伊斯和凯尔是一对新婚夫妇。他们同意从工资中挤出一部分存入银行，准备将来买房。但是现在，乔伊斯的贡献开始缩水。凯尔对他们的经济状况总是感到很困扰。乔伊斯希望由自己决定什么时候皮鞋大减价比他们的长期目标——买房更重要。租房有什么不好？乔伊斯没有警告过凯尔她的消费习惯已经变了，也没有告诉他原因。“我不想谈这个，因为我知道他会生气的。”乔伊斯承认。最终，凯尔当然发现了。紧随其后的是比乔伊斯直接告诉他还要严重的后果。凯尔觉得乔伊斯不尊重他：“她做过承诺，然后就当什么都没发生过。她都没告诉过我。我猜在她眼里我什么也不是。”

还有另一种违背诺言的方式：希拉里和布拉德结婚时，双方都同意信仰是他们家庭生活的基础。但是自从有了孩子，希拉里开始怀疑他们的信仰。孩子上学以后，她不愿送他们去主日学校[①]。布拉德却总是说起自己和教友一起步入教堂时是多么的自豪。宗教变成了这对夫妻之间的敏感话题。他们的争论经常演变成宗教辩论，最后偏离了最根本的问题。希拉里对宗教看法的改变成了对诺言的违背。她新的精神信念并没有错。但是这种改变让布拉德感到受了欺骗。他的愤懑蔓延到了去教堂这件事之外。他担心他再也不能信任自己的妻子了。他们需要通过心理咨询来重塑对彼此的预期，找出能够尊重彼此信仰的方法。

导致违背诺言的最严重的问题莫过于成瘾。在滥用药物、酒精成瘾、嗜赌成性、性瘾或者对色情产品欲罢不能的情况下，几乎不可能存在健康的婚恋关系。一种很常见的开端，是一个饱受折磨的人答应了“改变”却做不到。另一方想要相信他能改变。每一次故态复萌，背叛感都会加深。有时，一方会接受对方的成瘾状态，但这并不能减轻背叛。对某物成瘾是一种由生理和心理原因共同导致的复杂的疾病。如果对挽救婚恋关系还怀有一线希望，成瘾者就必须寻求专业帮助。

① 基督教教会于星期日上午在教堂或其他场所进行的宗教教育。——译者注

05

背叛的10种方式

背叛 vs. 揭发

婚恋关系是一种承诺，但它不是手铐和枪口。有时候，表达出对伴侣行为的反对才是关爱和支持的最佳方式。盲目的接受从来都不是最健康的策略。美国宪法起草人之一亚历山大·汉密尔顿曾经说过：“怀疑政府的自律能力是每个公民应尽的义务。”同样，有时有必要给自己的伴侣举起一面镜子。没有人的生命可以完全避免自恋、自私和错误决策。纠正他们的这种行为是有益的。这样做，你就能关注伴侣的得失，而不是拘泥于自己的。我们需要依靠对彼此的诚实去挑战自己的价值观。这意味着即使听到一些刺耳的话，比如“你在想什么呢？”或者“你怎么会这么做的？”时，如果你接受它们的正确性，就会认为对方是出于爱才这么说的。比起进入防卫姿态，试着关注对方所说的内容，以开放的态度讨论问题，要明智得多。然而，在很多时候，不能给予对方支持并非是出于揭发对方错误的目的，而是背叛。当婚恋关系因为任何一种形式的背叛而瓦解时，道歉、承诺或是浪漫之夜都很难加强彼此的联系。伴侣必须首先认识到，背信是关系破裂的核心因素。为了能够找回两人的关系，伴侣需要共同努力来进行协调。只有重新发现彼此的内心世界，他们才能重新携手。

爱的博弈论 WHAT MAKES LOVE LAST

婚恋关系是一种承诺，盲目的接受从来都不是最健康的策略，10 种走向背叛的方式是关系破裂的核心：不完全承诺、精神出轨、说谎、反伴侣同盟、缺席或冷漠、性欲减退、轻视、不公、自私、违背诺言。

06 情绪协调

|信任与和谐的基石|

HOW TO BUILD TRUST
AND
AVOID BETRAYAL

事实上，每个心理咨询师和那些心理自助类图书都会强调通过交流和语言的力量去化解分歧。许多建议都很棒。然而，如果仅仅是合适的措辞就能成功地避免分手，那么我们现在就能通过谈话让居高不下的离婚率降下来。伴侣们总是机械地模仿正确的词藻，却不能从深刻理解对方的角度出发。这就像记住了几句法语，如果你不懂这些句子的意思，还是不会说法语。

KEY WORD
爱的关键词

情绪协调：当伴侣能够深层次地相互理解，并能将这些理解用亲切的方式相互表达出来，真正的亲密就会从中产生。这种能力就是“情绪协调”。

当伴侣能够深层次地相互理解，并能将这些理解用亲切的方式相互表达出来，真正的亲密就会从中产生。我们将这种能力称为**“情绪协调”**（attunement）。它对一些幸运的伴侣来说已经成为习惯，但是对其他很多人来说还是一项需要付出努力的挑战。幸运的是，情绪协调所包含的技巧几乎所有伴侣都能学会，或者能学习变得更好。

情绪协调最常见的绊脚石就是双方的感受存在差异，尤其是消极情绪。当你生气或者伤心时，你会觉得表达出自己的情绪很舒服吗？如果你的伴侣心烦意乱，你希望自己能赶快逃离吗？或者你觉得自己有责任进行“修复”？你想告诉他（她）“振作起来”？文化、性别和个体差异的强大力量会让不同人对这些问题给出不同的答案。

元情绪：我们是怎样感受感受的

我创造了一个专门的词语来形容一个人对情绪的态度，这就是**“元情绪”**（meta-emotion）。“元”是一个反身词，心理学家经常用这个词来描述一个有关事物本身的概念，比如，“元交流”指的就是我们是怎样交流关于交流的话题的。同样，我想通过“元情绪”表达我们是怎样感受感受的。

有些人可能会藐视感受，认为它不重要。但感受是人类经验不可分割的一部分。不管你如何否认它们，它们都会出现。我们知道至少有 7 种情绪是普遍性的，根植于我们的大脑中：生气、悲伤、恶心、轻视、恐惧、兴趣和愉悦。在这些剧烈情绪的影响下，来自全世界的人们都会自发地做出同样的面部表情（微笑、皱眉等等）。一些研究甚至发现，具体的表情还会激发某些具体的生理变化（比如心跳加速），对于我们每个人而言都是如此，无论你的背景、生活方式或者文化根基为何。

KEY WORD
爱的关键词

元情绪：个体对自我情绪的觉知、体验、评价、描述与监控的能力。

因为对待感受的主要态度源于童年，我也是从我早年对教育方式的研究中认识到情绪协调的重要性的。1985 年，我建立了元情绪访谈，用于评估家长对自己和子女情绪的态度。访谈涵盖了受访者童年时期关于愤怒、悲伤、恐惧、爱、骄傲和其他情绪有关的经历。访问者会提出一些问题，比如：“在成长过程中，你能分辨你父亲什么时候在生气吗？”“这对你有什么影响？”“你的父母通过什么方式让你知道他们是爱你的？”

我发现我们的访谈档案中的元情绪千差万别，尤其是消极感受。一位父亲认为发火没什么大不了的。“就像清嗓子一样是中性的，由着它来，然后继续做该做的事。”另一个人则相反。有人对他发火，他就会感到被侮辱了：“他们骑在我头上拉屎！”

这项研究的数据揭示了儿童成长中的两个显著趋势。这两种趋势都是基于家长对消极情绪的态度和他们自身童年时期的经历而产生的。面对不快乐、恐惧和愤怒的儿童，一组家长（不幸的是，这是人数较多的一组）试图通过转移注意力或者劝告孩子“忘了这件事吧”来改变孩子的感受。这种做法被我称为**“情绪消除”**（emotion dismissing）。这些家长相信他们的孩子可以选择自己的情绪。总的来说，情绪消除型的家长把体验消极情绪当作火上浇油一样的冒险。他们眼中的生气就是攻击性的失控，悲伤就是自怨自艾，而恐惧就是懦弱的表现。被问到如果看到儿子被欺负会对他说什么时，一位情绪消除型的父亲回答：“我会说：‘别担心，他不是那个意思……别想多了。轻松点。大事化小，继续生活。’”

另一种教育方式是**“情绪指导”**（emotion coaching）。很遗憾，这样的家长比较少见。情绪指导型的家长把孩子生气、恐惧、悲伤的情绪看作一种和孩子建立联系的机会，会去帮助孩子理解这些感受。（我粗略地将家长分成了两种类型。事实上，我的被试对待孩子的消极情绪的反应像光谱一样，是多种多样的。）当我问一位情绪指导型的父亲同样的关于被欺负的问题时，他说：“如果一个孩子欺负我儿子，我会努力理解他的感受和原因。一些孩子可能会打他或者取笑他。我会停下手边所有的事。我的心会和他一起，像个父亲的样子。我会强调这一点。”情绪消除型的家长并不比指导型的更冷漠，他们对自己的孩子的爱也未见得较少。一位父亲说得好：“笑一个，宝贝！这才是爸爸的好姑娘。现在好一点儿了吗？”这种教育方式有一些好处。它是行为导向的，鼓励培养解决问题的技巧。但是如果孩子（或者任何人）感到不被理解和支持，那么他就很难从中领悟和改变。著名儿童心理学家海姆·吉诺特博士（Haim Ginott）说过，理解先于建议，引导才会更有效。这就是为什么指导型家长对孩子有如此大的好处。我在早期对三四岁儿童的研究中发现，5年之后，指导型家长教育出来的孩子与其他孩子相比在学业上表现得更好，和同龄人的关系更好，身体更健康，行为问题更少。甚至当我比较具有相同智商水平的儿童时，情绪指导型教育出的孩子也会表现出更高的学业成就，这与他们高超的自我平复能力和集中力有关。

爱的博弈论 WHAT MAKES LOVE LAST

一项针对三四岁孩子的研究发现，5 年后，指导型家长教育出来的孩子与其他孩子相比，在学业上表现得更好，和同龄人的关系更好，身体更健康，行为问题更少。

情绪协调：接纳对方的感受

当我谈及婚恋关系中成年人间的情绪协调时，我指的其实是情绪指导。但我不会在对象是成年人时使用"指导"一词。这个词暗示着行为双方之间在力量上存在差距。这种差距下的支持和理解是单向的，就像父母和子女之间的。但在婚恋关系中用到的技巧是一样的。通过使用为成年婚恋关系新修订的元情绪问卷，我的研究证实，处在愉快的婚恋关系中的伴侣会相互指导。我曾经的研究生丹·吉本博士（Dan Yoshimoto）带领的小组对100对伴侣进行了访谈，询问他们一些问题，例如他们来自什么样的家庭和文化背景，在表达和体验情绪的过程中获得了什么信息。然后，我们会就伴侣二人的婚恋史同时访问他们。吉本发明了一种计分方法，这样我们就能分析出伴侣们感到他们可以对另一半敞开心扉到何种程度，以及伴侣能够对他们敞开到何种程度。我们发现，情绪指导型和消除型的比例和之前教育方式研究中所体现出的差不多。**很多情绪消除型的伴侣都有着良好的出发点。**就像情绪消除型的家长一样，他们会说："噢，亲爱的，别伤心了，别哭了，高兴一点。往好处想。"他们以为自己的语言很有支持性，但除非他们的伴侣请求他们如此回应，否则这些信息传达的是："我不想在这时候听你说这些，自个儿到一边去难过吧。"

一些情绪消除型的伴侣在我们的研究中确实希望他们的伴侣到“一边”去难过。他们的回应不耐烦且不以为然，倾向于把伴侣描述为消极或者可怜的。他们把伴侣的情绪当作破坏自己情绪的负担，即使伴侣的难过和他们的关系无关。这样的伴侣就面临着严重的元情绪不匹配问题。

下面是安杰尔和乔治的元情绪访谈片段。这对不快乐的伴侣不能让对方聆听自己讲话。我们已经看到他们对自己的不满有多么迟钝。在这段相对平静的评估过程中，他们仍然不能给予或得到双方渴望的情绪支持。

提问者：你为什么样的事情伤心？

乔治：我从妻子那里得不到需要的或者应有的尊重。最让我伤心的是我感到被亏待了。我不能……继续发展，于是回到学校。我的妻子辞掉了她的工作……她没有鼓励我，说“嘿，你干得不错啊”这种话。这种事让我感到伤心或愤怒。我觉得可能两种都有。这时我只想躲开。

提问者：当你伤心时，妻子怎么回应你？

乔治：哦，是啊，好吧，她会大声叫我，挑衅我。“哦，你又发神经了。叽里呱啦……”（笑）她从来不知道我在难过。所以，我伤心时宁愿选择不对她说。

乔治害怕安杰尔挑衅，所以宁愿独自伤心。在后来的访问中，他承认他避免把消极情绪和妻子分享是因为她可能会发火，这会引发另一场战争。乔治感到自己陷入了一场不能表达自己消极情绪的婚姻。他眼中的妻子目中无人并且没有同情心。

下面是安杰尔所说的：

提问者：如果你伤心，你的丈夫会知道吗？他会注意到吗？

安杰尔：是的，他会注意到。但他未必知道他该做什么。

提问者：他是怎么回应你的？他回应你的伤心时会说或者做什么？

安杰尔：我想说其实……可能……他会……让自己忙起来，更加退缩……很多时候他不知道该做什么，所以他会用他认为可以解决问题的方式来处理。他很少会表现得亲切和深情。我不认为他会这么做……如果我对他说“噢，抱抱我”或者“我需要关爱”，他当然会做。但他自己想不出要这样做。

提问者：你对这种回应有何感想?

安杰尔：（愤怒的表情）我当然希望他深情一点，多一些关爱和理解。不要都藏在心底。我当然希望是另一种样子。我想我已经跟他沟通过了。但是对他来说，这需要付出太多努力。他会想:“哦，好吧，因为她说这不是我的错。我没做错什么，她没让我试着改变什么。”

和丈夫不同，安杰尔没有试图封闭自己的情绪。在她看来，生气是唯一能引起乔治注意的方式。安杰尔希望乔治在她伤心难过时能够更深情和亲切一些，而不是采取防御的姿态，但她相信这是不可能的。她不期待她的发泄能够带来积极的体验，但是她至少可以把这件事摆到桌面上谈谈。

这对伴侣最根本的问题是不能通过回应对方的情绪来深化彼此的联系，因此让彼此更加疏远。他们之间缺乏共情力，这使得他们之间的表达充满愤怒和怨恨。在这种情况下，信任是无法维持的。

尽管情绪协调并非复杂的技巧，但它确实需要将元情绪从安杰尔和乔治的杂乱世界中转换到一个他们可以接受对方情绪（包括愤怒、悲伤和恐惧）的状态中。情绪协调不是背台词，情绪协调增进你对伴侣的理解，以及表达接纳和支持。学习情绪协调最简单的方法就是从小处开始。无害的日常谈话就提供了大量的实践机会。基于我对无数伴侣的研究，我发现了一种可以让大多数伴侣都成功的好办法。

WHAT MAKES LOVE LAST

07 集体独白的困局

|实现亲密对话的艺术|

HOW TO BUILD TRUST AND AVOID BETRAYAL

在一次晚宴派对上，我听到一个男人在讲他的四轮卡车是如何在暴风雪中陷进他家附近的地沟里的。“我进屋去找点东西把它拉出来。”他开始说。一个站在他身旁的女人打断他说：“哎哟，下雪的时候我们一家在5号公路跟别人迎头撞上了。”男人继续说：“所以我从屋里拿了一床旧棉被，把它塞到最近的轮子下面。管用了！”我转向女人，大声说：“天哪，你们迎头相撞？后来怎么样了？”

在派对上你经常会听到这种典型的三方交互、经常被打断、最后无果而终的交谈。（顺便说一句，由于车辆行驶得很慢，没有人受伤。）人们在交谈中总是无视他人的存在。他们无法倾听，很少提问或者紧跟别人的想法。著名瑞士儿童心理学家让·皮亚杰（Jean Piaget）将这种现象称为**“集体独白”**（**collective monologue**）。他用这个词描述学龄前儿童间的对话，但这个术语对很多成年人而言同样适用。肤浅的对话和具有协调性的对话是相反的。在派对上，这种互动平常且无害，但是在长期婚恋关系中，这种经常无视对方的交谈也很平常——然而有害。这种错位的对话会阻碍双方增进亲密性，巩固关系。

07

集体独白的困局

很多人认为有效的交谈必须能表现出对对方的兴趣，实际上，**有效的交谈完全就是对对方的兴趣和倾听**。在本章中，我会向你展示怎样运用情绪协调技巧去避免给争论火上浇油的“集体独白”。但是不要等到你们即将发生冲突时才用这个方法去补救。协调性交流在日常生活的任何关系中都是必要的。

如果你觉得“敞开心扉听起来不错，但我那位是绝对不会这么做的！”或者“我做不到！”，那么你一旦做到就会感到惊喜。我已经成功地教会了许多“绝望的伴侣”信赖他们另一半的方法。关键在于我所说的亲密交谈的艺术。这是情绪协调的初级阶段。亲密交谈不需要你们讨论冲突或者敏感的话题。它只是聊天。你可以在对方不知情的状况下应用这种谈话技巧，当然，你们能够一起合作的机会越多越好。

KEY WORD
爱的关键词

集体独白：即使没有听众，年龄较小的儿童也会兴高采烈地讲述他的事情。这种自我中心的思维模式可能发生在儿童独处的时候，甚至更多地发生在儿童群体中，皮亚杰称之为集体独白。

通过这种方法可以将情绪协调拆分成 4 个步骤。你不需要成为一个社交高手就能掌握它们。我曾把它传授给一位中年工程师格伦。他自称是一个乖戾的人。他为自己没有任何需要而骄傲。他告诉我：“那些需要别人的人永远生活在失望和悲惨当中。”拉家常对他来说是被列入“黑名单”的项目。他鄙视与工作有关的饭局，尽量避免这些场合，因为这些都需要社会互动。但他同意向我学习更多方法，因为他的情绪距离在这 20 年间一直困扰着他的妻子。她在婚姻中感到特别孤独，甚至考虑过离开他。他的两个十几岁的女儿也有被疏远的感觉。她们都说和他一起生活就像和遇到的一个脾气暴躁的陌生人在一起，即使被气得哭着冲出门去，他也不会理睬。在治疗中，格伦向我承认，他不知道该如何亲近她们。这 4 项技能帮助他让自己的婚姻和家庭起死回生。他还获得了其他好处。在一个治疗阶段，格伦快乐地报告说，在最近的一次工作应酬中他坐在一位他一直回避的同事旁边，因为他曾经认为她“话太多了”。在这个他应用了 4 种技巧的饭局结束时，这位女同事惊呼他“太随和了”。格伦笑着对我说，学习情绪协调技术毁了他的名声。

下面就是我教给格伦和无数其他人的技巧。把它们当作你进入伴侣内心世界的船票吧。让它们融入你的日常生活。我建议伴侣们将通常的“最近过得怎么样”式的聊天规律化，用这种方式“打卡”，重筑情感联系。（在第 215 页的附录 1 中，有很多便于你在亲密交谈时使用的词和短语。）

第 1 步：将你的感觉说出来

我惊奇地发现，在向我寻求帮助的人中，**很多人都不能将自己的情绪用语言表达出来**。因为他们不确定自己的内心正在发生什么，他们无法与伴侣分享自己的感觉。可以想象，这是两人建立情感联系时的巨大障碍。请不要轻视自己的情绪，或为自己不能正确表达情绪而害羞。相反，要让你的伴侣了解识别你的情绪是很具挑战性的，所以要考虑让他（她）协助你一起找出它们。

有一种可以精确定位情绪的很好的办法，就是在你思考对自己不同情绪的描述时测量你的生理指标。杰出的心理学家和哲学家尤金·简德林（Eugene Gendlin）采用了一种被他称作**“聚焦”（focusing）**的方法。当你为寻找恰当的词来形容你的感觉而苦思冥想时，他会建议你试用每一个想到的词，这时他会在一旁观察你的各项生理反应。当你的身体放松时，你就很可能找到了那个正确描述你情绪的词。这等于是你的身体在对你说：“没错！就是这个词！”

当简德林询问一位病人她对工作的感受时，她所能表达的只有悲伤。简德林随后让她闭上眼睛，把所有的注意力都放在视觉表现上。她看见自己站在铁路月台上，列车却已经开走了。她意识到自己不止对事业感到悲伤，还感到愤怒和失望，因为自己总是在工作上落后。她经常帮助同事处理项目，他们得到了绩效和晋升机会，她却什么都没有。她脑中浮现出的画面和情绪正好可以表达出她在这种情境下的感受。她的身体是放松的。了解自己的真实情绪后（不是“悲伤”而是“被落在后面”），她改变了工作目标。现在她明白自己真正想要的是什么了。

07
集体独白的困局

如果你使用简德林的聚焦技巧，一段时间后你描述自己感受的能力可能会提高。我做心理治疗师的妻子朱莉·戈特曼（Julie Gottman）设计了一种巧妙的方法来帮助人们成功聚焦。带领他们完成放松练习后，她会让他们大声陈述一些错误的论断。比如“我不喜欢我的狗弗里茨”。说的时候，关注自己的身体感受。然后，她让人们陈述真实的情况（“我爱我的狗弗里茨”），关注生理反应的变化。如何利用自己的身体反应找到与真实情绪相匹配的词，这种练习有助你做到这一点。

我给伴侣提供的常用策略是一张词汇表。在这些词中圈出那些最能描述他们此刻状态的。下面是简化版的词汇表。

我感到……

◎ **积极情绪**

有趣	幸运	满足
感激	怀旧	性感
吸引	好玩	傻气
兴奋	强大	聪明
愉悦	骄傲	兴奋
快活	被尊重	受欢迎
无忧无虑	安全	

◎ **消极情绪**

被疏远	内疚	悲伤
愤怒	被忽视	顽固
惭愧	自卑	紧张
背叛	孤独	没人爱
被责难	被误解	不安全
防御	麻木	心烦
受挫	无力	

第 2 步：提出开放式问题

避免问伴侣那种用一个词“是”或者“不是”就能应付的问题。这样对话还没开始就结束了。相反，要换一种必须用更深刻的答案才能回应的提问方式。不要问：“今天工作还顺利吧？”而要问：“今天工作怎么样？”不要问：“你喜欢这部电影吗？”而要试着问：“你对这部电影怎么看？”或者：“你觉得这部电影最好看的是哪段？”比起简单地问：“你读的这部新出版的推理小说怎么样？”还不如问他这部小说比起作者之前的作品怎么样。这项技巧不仅适用于日常生活中的交流，也适合探讨重要话题的时候。“你感到烦躁吗？”也许引不出下文，但是“你看起来有点烦躁，发生什么了？”就会鼓励谈话继续进行下去。

第 3 步：加深你们的联系

你的伴侣回答了一个问题后，用你自己的语言把你刚才听到的话再重复一遍。**你的描述不能做到 100% 准确也没关系，但是不要作假设或者扭曲原意。**当你把伴侣的想法和感受用一种表示出你感同身受的方式反馈回去，你就会鼓励他（她）进一步敞开心扉。蒂姆是一家小公司的首席财务官，有一天晚上，他回家时情绪很糟。他告诉妻子盖尔，研究过公司的最新财务报告以后，他意识到他可能得列出裁员名单了。首先，盖尔提出了封闭式问题，并猜测她丈夫此时的所思所感。她很快就进入了死胡同。但是当她改变策略，她的丈夫就敞开心扉了。

盖尔：噢！那些人真可怜。你肯定感觉特别不好。

蒂姆：（皱眉）当然了。

盖尔：你不觉得很难过吗?

蒂姆：我当然觉得。

盖尔：（开放式问题）你现在最强烈的感觉是什么？

蒂姆：（叹气）我吓坏了。向卡尔提建议是我的职责。他信任我。但是我不确定要告诉他什么。如果我说了，公司会陷入混乱。难道我要说别辞退任何人，任由公司破产？或者那些被辞退的都是不必要的人手？他们会失业，而那是我的错。

盖尔：（深入）你觉得这些都是你的责任。

蒂姆：是我的。我不得不做出决定，但我不知道该怎么做才对。我以前总是觉得，做出决定然后坚持下去就够了。

盖尔：（深入）但这对你来说确实是个艰难的决定。

蒂姆：可不是吗。但是不应该这样。你只能做你该做的。我觉得我太失败了。

盖尔：（深入）你现在的处境真不容易。

蒂姆：是啊。

后来，蒂姆告诉妻子，能够向自己信任并能理解自己的人吐露自己的顾虑是多么有益的一件事。（这家公司确实会让一些人失业，但也确实能让另一群人在离开前走出困境。）

第 4 步：表达你的热情和同情

当你的伴侣烦躁不安时，不管这件事是鸡毛蒜皮还是事关重大，你都要站在他（她）这边。如果你觉得他反应过度，或者应该表现出“不同的”的情绪反应，扼杀你表达观点和建议的欲望。经过对白头偕老的婚姻的多年研究，我能确定的是，讲道理并非总是最好的方法。**让其他人讲理去，你要做的是让你爱的人知道你站在他（她）的一边。**你能理解和接受他（她）的情绪，并认为这些情绪是正当的——因为所有的情绪都是正当的。

莫妮卡很生气。因为她姐姐给孩子们买的圣诞礼物让他们觉得过于“幼稚”。她把这一行为当作她姐姐不关心她和她的女儿们的众多证据中新的一个。

“我们永远都是她最后才想到的，”莫妮卡愤怒地说：“就好像她在最后一分钟冲进商店，随便抄起她看到的第一件东西。她就是不关心。”

莫妮卡的男友乔纳森十分肯定，她姐姐没有孩子，所以并不知道蜡笔在中学生之间已经不流行了。但是他并没有向莫妮卡提出这种解释，也没有建议她打电话向姐姐说清楚。相反，他说：“我能理解你为什么这么心烦。她让你觉得你对她不重要。这很糟糕。”乔纳森知道，在她心烦时不该提出一个不被接受的建议或者其他的观点。

同样，当哈伦抱怨他控制欲旺盛的老板威胁要扣他的佣金时，他的妻子乔迪没有给他任何让他回击的建议。相反，她同情地摇了摇头。“我不知道你怎么会为这种人工作。他太烦人了。”当丈夫咆哮着诅咒老板时，乔迪插了嘴，用可怕而荒诞的建议给哈伦的脸上带来一丝微笑。哈伦的老板还是让人无法忍受，但是他妻子的理解让这段艰难的时光变得可以承受。

尽管你可能忍不住，但也不要在走完这 4 步之前说出你个人的观点和解决方法。现成的建议对有些人来说显得太轻率和无礼。（“你的意思是我想不出解决方法吗？我又不是笨蛋。”）记住吉诺特的名言：**理解必须先于建议。**我再进一步给你一个警告：如果对方没有问，根本不要给出建议。只要陪着他，倾听就是你能做出的最大贡献。

这样，你就可以让对方吐露真情了。说出你自己的感受，用促进信任的方式交谈，成为他的战友而不是军师。将这种方法运用到你们的日常互动中，你就会惊喜地发现你们彼此之间又增进了了解。学习这种方法不仅会加深你们的关系，还能让你有技巧去应对滑动门时刻。你从一开始就避免了大量不和的产生。

WHAT MAKES LOVE LAST

08 滑动门时刻的博弈

|向伴侣靠近|

HOW TO BUILD TRUST
AND
AVOID BETRAYAL

总有记者问我："伴侣吵架最常见的原因是什么？"我的回答总是："没什么大事。他们总是为鸡毛蒜皮的小事争吵。"矛盾却由此产生，令人追悔莫及之事也随之到来。曾有一对夫妻在一起看电视。妻子正在观看某个节目，但丈夫却抓起遥控器，开始翻节目单。

她说："别翻了，我看不见了。"

"好吧。我只是想查查……"

"别翻了！我最讨厌你这样了。"

"好吧！"

"你干吗用这种语气？"

"因为凡事总得按你的想法做。所以，好吧，都按你的意思做好了。"

不管你是多么渴望和伴侣"从此幸福快乐地生活在一起"，你总会碰到一些令你怒火中烧的小事——比如一个遥控器引发的争论。现实生活永远不像童话故事（或婚姻指南）里写的那样美好。这就是为什么随时注意缓和气氛是那么重要，而要做到这一点，就要养成在滑动门时刻“面向”伴侣的习惯。这项技巧其实极易掌握,而效果却十分显著。我曾经做过一项针对新婚夫妇的研究。对于那些在 6 年后的跟踪调查中仍然维持婚姻关系的伴侣来说，他们当年在爱情实验室里有 86% 的时间会“面向”伴侣。即使是在争吵，他们也能表现出幽默和情意，甚至还会放声大笑。而其他新婚夫妇都做不到这一点。那些终致离婚的夫妇在当年的实验中只有 33% 的时间会“面向”伴侣。

爱的博弈论 WHAT MAKES LOVE LAST

养成在滑动门时刻“面向”伴侣的习惯很有用。一项针对新婚夫妇的研究显示，在爱情实验室中 86% 的时间“面向”伴侣的夫妻，6 年后仍然会保持婚姻关系; 而只有 33% 的时间“面向”伴侣的夫妻,最终都离婚了。

这些统计数据向我们传达了绝妙的信息，让我们看到改善关系的绝佳机遇：如果发生了小意外，你只需在谈话里增加一点技巧，就能阻止大量悲剧发生。这类波折既不重大，来去也快，修复起来也就相对容易。如果你和伴侣都能参与修复，效果当然最好。但就算你们中只有一个这样做，你们的关系也能因此而得到改善。随着时间的流逝，你的伴侣也很可能会变得跟你一样。

背向伴侣：摧毁亲密关系的隐形契约

与“面向伴侣”截然相反的是“背向伴侣”。它可以仅凭一个小波折就摧毁一段感情，要想挽回局面，只有进行特别干涉。这种破坏性的交流会造成被我的同事苏珊·约翰逊（Susan Johnson）博士[①]称为**“依赖伤害”**（attachment injury）的后果：这是一种极其伤人的行为，会让伴侣深受伤害，失去安全感。依赖伤害会摧毁伴侣间的隐形契约——这是相濡以沫、共历患难之情。隐形契约或依赖的源头，是我们在童年时期从依赖对象（通常是父母）身上感受到的爱意。约翰逊曾经治疗过一位深受“依赖伤害”影响的女性。当时，她的丈夫

① 她的著作《亲爱的，我们别吵了》中文简体版已由湛庐文化策划出版。——编者注

在她流产之后不愿安慰她，拒绝与她共同分担悲伤。他认为，安慰的话语一点“积极和建设意义”都没有，所以他选择转身离开，让妻子独自伤怀。如果你曾对一个人寄予无比信任，将你内心最深的痛楚如实相告，而他（她）却非但不陪伴在你左右，还不予回应，你无疑会感到愤怒、惊慌和孤独。这种伤害会深深地刻在你的记忆之中。就像威廉·福克纳（William Faulkner）所说的：“过去之事从未消逝，它甚至并没有真的过去。”如果再不施加正确的干预，曾受过这般伤害的婚姻极有可能分崩离析。

然而对大多数夫妻来说，要经历过许多这类失误以及随之而来的一系列让你悔不当初的事件，才会使婚姻深陷泥沼。所以，在那以前，人们其实有大把扭转局面的机会。“背向伴侣”的事时有发生，因为人们可能并没有意识到，当时伴侣是想得到他们的关心和帮助。有时伴侣的请求很不起眼，看起来甚至无关紧要，比如：“你能去看看谁在门口吗？”“我们什么时候动身？”这些虽然都是小事，但仍然值得重视。如果伴侣的小请求都会被你忽视，他（她）就不会走上我所谓的**“邀请阶梯”（bidding ladder）**，为更重要的事——比如情感支持——向你寻求帮助。有些夫妻在饭店用餐时会陷入令人尴尬的沉默，这往往是因为他们停留在邀请阶梯的最下层。

并非所有的请求都需要人开口诉说，或者本身十分明确。比如妻子正在铺床，她可能会叫丈夫来帮忙换枕套，也可能只是在他路过时叹口气。所谓伴侣之间心有灵犀，是要求你留意他（她）的微妙暗示。（这也意味着你应该明确地表达出自己的愿望，让你的伴侣能够明白你的意思。）你并不一定总要顺应他（她）的请求，但你应当报以关爱和理解。

我在下面列出了一些简单的请求。**这些请求虽小，却会带来滑动门时刻。**它们都来自于我对爱情实验室中的夫妻进行观察、分析而得来的数据。我的研究小组统计了每种请求出现的次数以及另一半应对的方式。那些常被提及且更容易得到积极反馈的请求，我们将其划入“容易”一组，置于邀请阶梯的底层。而那些不常被提及且成功率不高的请求，我们将其划入“困难”一组，置于邀请阶梯的高层。请注意，这份列表中提到的只是一些比较简单的请求——如果你能辨认出它们，就能轻松处理。

- 注意听我说话。（“我看起来怎么样？”“哇，你看到那条船了吗？！”）
- 答应我的小请求。（“你站起来时能顺便帮我把调味酱递过来吗？”）
- 帮助我，或者和我一起做。（“咱们现在把珍妮哄上床吧。”）
- 对我的成就表现出兴趣和兴奋。（“你觉得我做得怎么样？”）
- 回答我的问题，为我提供信息。（“你能帮我填这张表吗？”）
- 和我聊天。（“我要跟你说说我妈打电话来时发生的事。”）
- 与我分享你今天的经历。（“工作上有什么趣事/麻烦吗？”）
- 对我讲的趣事有所回应。（“不知道我跟你说过……没有？”）
- 帮我减压。（“我觉得我把今天的演讲搞砸了。”）
- 帮我解决问题。（“你觉得我应该怎么对付老板？”）
- 表现亲昵之情。（“过来嘛，我想在看书的时候被你抱着。”）
- 跟我一起玩。（“嘿，咱们来玩会儿大富翁吧。”）
- 跟我一起探险。（“想不想明天去爬龟背山？”）
- 跟我一起学习。（“咱们来学法语吧！”）

一旦你意识到你的伴侣实际上是在向你发出请求，下一步当然就是“面向”他（她），作出回应。这并不意味着你要真的开始学法语，说“oui！”，或者做其他所有他（她）请求的事情。你只要友善地回应，告诉伴侣你会一直陪在他（她）身边就够了。（“你真的想学法语吗？好啊，你是怎么有这个想法的？”）

如何修复：当你错过滑动门时刻

很多时候，你在滑动门时刻没能做出正确的反应，但如果你认识到问题所在，就能对其进行修复，从而避免发生会让你后悔的事。这些年来，我的大量研究的重心都放在伴侣间感情修复的原因、时机和程序以及用何种修复方式最为有效上。成功的修复不需要如簧巧舌或深邃思考。诚然，有些方法可能特别有效，但是任何出于真诚的努力往往都能获得成功——只要你们没有深陷于捕鼠器那不断堆积负能量的泥淖之中。

下面我将介绍一个关于感情修复的小例子，它就发生在我的爱情实验室中。达莱斯和里芭是一对同性伴侣，她们计划在复活节假期去拜访达莱斯的家人。但是达莱斯还没有对家人说明自己是同性恋。她想让里芭帮她想个法子——这就是“帮我解决问题”的请求。但是里芭却表示，达莱斯应该自己决定怎么办。从达莱斯的生理反应可以明显看出来，她的压力越来越大，她认为里芭在此时弃她而去。她们接下来的对话是这样的：

里芭：我不想参与决定。如果我们共同商量出一个什么结论而你实际上不同意，我担心我们的关系会受到影响。

达莱斯：但你不置一词，这让我觉得你一点都不重视这件事。如果是这样的话就太令人伤心了。你能明白吗？

里芭：是的，我明白，我明白。

问题被这样修复了。在里芭说完“我明白”后，达莱斯的心率和血压又恢复到了平常的水平。（最后她们决定在拜访达莱斯的家人时一起向他们说明情况，但要等到复活节晚餐之后。）

我在下面列出了一些修复方法。它们常为参与我实验的伴侣使用，而且行之有效。当时我的两位学生对它们进行了详细记录。其中有些很可能已经在你的“修复备查词典”里了。下面的两组修复方法，你也能轻松掌握它们。

认知修复：理性的思考

这类修复方法的重点在于鼓励伴侣进行理性思考，从而减轻压力。

定义争议点。“你觉得我把没油的车扔给你去加油不公平。但我的想法是，你不必为此生气，毕竟最近你的空闲时间比我多。我们来好好谈谈吧。”

寻求信任。指出你最近做的一件满足你伴侣期望的事情。“上周我确实记得给车加油了，正如你希望的那样。”

互相协商。通过合作找到公允的处理办法。“我们可以轮流去加油。”

保卫底线。警告你的伴侣，让他（她）在某个特定问题上不要胡搅蛮缠。“我认为我们不应该把问题扯到谁更经常用车上。因为那是另一个问题。它只会让我更生气。”

监控事态。留意争吵的动向。如果氛围已变得十分紧张，要表示出来。“我快被惹火了。”“哎呀，我们要吵得不可开交了。”

引导方向。“告诉我，咱们该谈点什么才能让事态好转？”

适时停止。如果争论已经变得有百害而无一利，试着踩刹车。

情感修复：平复紧张气氛

这一组修复方法比前一组“认知修复”更为有效。它们让你理解并体会伴侣的感受，安抚伴侣，表达自己的感受，从而平复剑拔弩张的气氛。

表达赞同。在某种程度上同意伴侣的意见。你可以在提出自己观点之后这样做，或者干脆来个 180 度大转弯。“好啦。如果我看到油箱快空了，我会在回家路上去加油的。”

提出疑问。就伴侣的感受或者观点提出疑问。“请帮我理清思路。是不是在你看来，我是故意不去加油的？”

表达爱意。通过行为、表情或在口头上表达出关心和爱护。

转移话题。有意地将话题转移到无关或关系不大的事情上常常很有效。

作出承诺。同意今后改善。“从现在开始，我会更注意你这方面的感受。”

表现幽默。“等等！这辆车可是沃蓝达[①]啊，怎么能加汽油呢？”（警告：要有幽默感，但不能表达批判和歧视，也不能以此来贬低伴侣的观点——如果你这样做了，很可能非但不会修复你们的关系，还会事与愿违。）

坦言自我。坦言自己的想法和感受。“我觉得我已经做了太多事，我应该不用再负责给车加油了吧。不然我觉得自己太吃亏了。”

承担责任。承认这是自己的失误。“我没有注意到这么做会影响到你。”

表达理解。让对方知道你有共情的能力。“我明白你的感受。我知道你认为你的负担太重，而我的所为不但没有帮你减轻负担，反而还让它加重了。”

强调“我们”。指出你们相似之处，以此来肯定婚姻、强调关系。“你看，至少我们还能把这事摊开来讨论，而不是干生闷气。”

我们会没事的。伴侣以此确定彼此关系将会和睦如常，就算这次争吵没让他们达成共识。

你如果学会运用这些修复方法，就能避免很多冲突，你和伴侣也能更了解彼此的需要。但请不要因此产生错误的想法，认为这些修复方法可以帮你解决婚姻中的一切问题。原因很简单：无论你多么努力，都难免会忽略伴侣向你抛出的大量请求。因此，偶尔的冲突实在难以避免。在冲突发生之时，需要更强有力的调解方法来将你们拉回正轨。于婚姻有大害的不信任和背叛都可以通过这类干预措施得到预防。它们也能挽救已深陷困境的婚姻。

---

① 英文为“Volt”，即电压的单位。——译者注

WHAT MAKES LOVE LAST

09 戈特曼-拉波波特蓝图

|让冲突讨论富有建设性|

HOW TO BUILD TRUST AND AVOID BETRAYAL

如果要诚实地估计自己在伴侣说话时全神贯注的时间，50% 都算多了。从我在上一章中的修复实验中得到的精确数据来看，更贴近现实的估计应该差不多在 30% 左右。在另外 70% 的时间里，人们难免会走神，想到孩子、工作、上帝、油价、电视节目、窗户装饰，或者全美大学篮球比赛。伴侣双方在同一时间都集中注意力的概率（假设他们的概率互相独立）只有 9%（30% × 30%）而已。这意味着，**在 91% 的时间里，人们交流不畅**。因为交流不畅，伴侣们就会制造出大大小小的问题。

在前一分钟，一切还都正常。到下一分钟，你的大脑就开始大叫："炮弹过来了！"在滑动门时刻，如处理不当引发争吵，就好像突然遭到大炮袭击般猝不及防。但这个不幸事件究竟会对婚恋关系会造成怎样的伤害则取决于你和伴侣事后的努力：你们是否能从中吸取经验而非对此念念不忘。如果你们做不到，蔡格尼克效应就会将这件事烙在你的记忆之中，你对婚恋关系的消极感受也会随之加深。

09

戈特曼-拉波波特蓝图

家庭联席会议：解决冲突的好方法

在临床实践生涯中我发现，帮助伴侣解决冲突的最好方法，是每周举行一次“家庭联席会议”。这是一次十分正式的会议，与会双方都要运用情绪协调的技巧，就某一议题阐述观点。通常来说，我会让夫妻二人拿出一个小时来在家里开会，然后每周约见他们，讨论他们开会的情况。逐渐适应之后，他们就会在误解发生之时立刻运用情绪协调技巧来解决问题，而不必等到每周门诊时再进行讨论。

在“家庭联席会议”中，人们会在**“戈特曼－拉波波特蓝图”**（the Gottman-Rapoport Blueprint）的指导下进行有意义的讨论。这个理论源自伟大的社会心理学家阿纳托尔·拉波波特（Anatol Rapoport）关于对立的政治集团或国家的博弈研究。而我现在想说的，是拉波波特理论的一个“只适用于伴侣”的版本。活跃于20世纪的拉波波特是一位独树一帜的博弈论学者，他的目标和其他大部分博弈论学者都不同。他研究的是如何才能将核战爆发的可能性降到最低，而非确保美国会赢得胜利。因此，他致力于研究能够促进对立双方开展合作的策略。

拉波波特在社会心理学界享有盛名，是因为他提出了一个相当有力的理论：**如果你不能陈述对方的观点并且令其满意，就不要妄想说服对方、解决问题或达成共识**。若将这套理论搬到婚恋关系中来，就是除非你能说“太好了，你明白我的意思了，这就是我的看法和感受”，否则你们将无法通过协商达成共识。要想做到这一点，你们需要轮流诉说和倾听。首先，诉说方要说出他（她）对此事的全部想法、感受和需要。然后倾听方要简明陈述诉说方的观点，完全理解对方的立场，作出适当的回应。之后，诉说方和倾听方再互换角色。

你可能对这种方法并不陌生，因为它与一种广为人知的冲突解决法**“积极倾听”**（active listening）非常相似。所谓“积极倾听”，是说参与双方要轮流表述自己的想法，还要重复对方所言，表明你们已经理解彼此。但积极倾听法又与我们的方法有一个明显的区别。典型的积极倾听要求，保持镇定并引导讨论的职责全在倾听一方。如果你的伴侣说：“你不关心我！你总不在家！你太自私了！”你应该回应“我知道，你希望我不要一心扑在工作上”而不是一味辩驳。但问题是，我们确实会为自己辩护。在遭受攻击的时候，每个人都会这么做。遭受的攻击越猛烈，你就越有可能失去理智，越不可能以理解、共情之心作出回应。

戈特曼－拉波波特蓝图则会让诉说方和倾听方承担一样的责任，从而有效解决上述问题。伴侣双方都必须遵照规则，他们也因此不会感到来自对方的威胁。

KEY WORD
爱的关键词

戈特曼－拉波波特蓝图： 拉波波特提出，在促成对立双方开展合作时，如果你不能陈述对方的观点并且令其满意，就不要妄想说服对方、解决问题或达成共识。戈特曼－拉波波特蓝图将该理论用于说明婚恋关系。

初看之下，用蓝图法来解决冲突似乎过于繁琐。简单说句“忘了它吧！”无疑更为快捷——可惜毫无益处。情绪协调技巧初次使用时，就像其他任何一种新技巧一样，会让你感到奇怪甚至尴尬。我十几岁的女儿在刚学开车的时候，有时会分不清刹车和油门，因为它们离得实在太近了。当然，现在她已能在两者间准确切换。与此类似，要掌握更高级的情绪协调技巧，需要经过一段时间的努力。但在你努力之后，它就会变得自然而然。

戈特曼－拉波波特蓝图：让冲突讨论富有建设性

在我们正式开始之前，请先准备好笔记板、纸和笔，以便随时做笔记并简要写下你的想法。我个人很喜欢这种科技含量不高的记录方法。它能帮助我们降低语速，让我们有更多的时间留意伴侣的用词，也能有时间好好想一想该如何表达自己的看法。除此之外，我们也需要留心自己的情绪变化，防止失控。我建议你买几个脉搏血氧仪。这种操作简单、非侵入式的监测仪器会从你的食指上读取心率和血氧饱和度（可以通过血氧浓度指数看出你是否做了足够多次深呼吸)。这类小仪器的定价在 20 美元～ 60 美元之间，非常容易在网上购得。

如果你的心率超过每分钟 100 次(100bpm)，或者血氧饱和度低于 95%，你很可能就要情绪爆发了(这两个指数适用于大多数人，与年龄和性别无关。但对于运动员来说，心率上限是 80bpm)。这时候，可以暂时中断讨论，冷静个 20 分钟再说。但不要拿这 20 分钟来生闷气，或者反复回想刚才的冲突。只有在你的心率落回基准线之后，才能重新开始考虑那件事。中断一会儿，可能会扭转整个局面。我在临床实践中发现，冷静下来的伴侣们重回谈判桌之后与之前判若两人，脸色和声调都与之前截然不同，就好像他们换了个大脑一样。他们变得有逻辑性、中立、共情，能够集中注意力。他们甚至也变得有幽默感了。

在会议的一开始，要回顾最近你们之间发生过什么好事。强调正面、积极之事能化解许多紧张情绪，让你们双方都更愿意合作交流。乔治娅想告诉她的同居男友博比，他周六晚上宁愿选择和朋友鬼混也不愿和她在一起这件事让她非常难过。但是她首先向他表达了谢意，因为他清理了落叶。

刚开始的时候，我会让伴侣双方各举 5 个例子，详述对方在过去一周内做了什么值得赞赏之事。这种方法可能略显做作，但是对简单而易被忽视的善行表示感谢，会产生出乎意料的效果。在匆忙的早晨，你脑中可能会飞快闪过这样的念头："哇，他为我煮的咖啡真好喝！"但是这个念头可能稍纵即逝，你甚至无法腾出时间给他发一条简单的短信："谢啦。"所以，就算在过去一周内你的伴侣没有什么太好的表现，你也同样可以对一些简单小事表示赞许。比如你把车钥匙搞错位置，而他(她)没有变得不耐烦，或者他(她)给你带来了零食。在轮到你接受赞美的时候，对方每说一条，都要表示感谢。这可能看起来有些刻意，但是人们常常会忘记这类起码的礼节。如果你不说声"谢谢"，对方可能会觉得，你认为这些赞扬是理所当然的。

下一步要做的，就是决定你们这次要拿出什么分歧点来进行讨论了。如果你刚开始接触本流程，我建议你最好选择一个新近出现的分歧。你逐渐熟练后，我建议你从过去的共同生活中找出一段令你们分外沮丧的冲突，那次冲突至今仍如鞋中尖刺，折磨着你。仔细推敲过去的冲突，能让你对你们的关系产生更为深刻的洞察力。

第一步：诉说与倾听

在回顾分歧的方方面面时，你们可以多次互换角色，轮流充当倾听方和诉说方。轮到你诉说时，要尽量充分地表达出你对此事的感受和期望。但是要记住，现在你的任务（还）不是说服你的伴侣，让他（她）承认你是多么正确，或者立刻跟你达成和解。我知道，想抑制住说服别人的冲动是很难做到的事。**但在目前阶段，妄想说服对方，只会适得其反。**

诉说方和倾听方应当遵守的法则，已被我归纳为下列几条（每一方有 3 条）。我曾对高信任度伴侣的元情绪进行过分析研究。彼此信任度高的伴侣在遇到分歧时会自发地启动某种机制，防止情绪失控。我现将这机制归纳为简单的法则，其他人也可以学习掌握。这 6 条法则的英文首字母可以组成**"协调"**（ATTUNE）一词，非常容易记忆。（你可能已经对其中几条很熟悉，因为它们同样也属于第 7 章提到的"亲密对话的艺术"。）

诉说方的责任：

A = 了解（Awareness）

T = 宽容（Tolerance）

T = 变批评为愿望或积极的需求（Transforming criticisms into wishes and positive needs）

倾听方的责任：

U = 理解（Understanding）

N = 无防御聆听（Nondefensive listening）

E = 共情（Empathy）

09
戈特曼-拉波波特蓝图

诉说方的责任

A = 了解

注意你的语言和态度，不要让伴侣产生被逼迫感，或让他们觉得必须采取防备态度。要记住，**你的目标，是在保证不让伴侣情绪失控的前提下讨论你们之间的问题**。谴责和批评就好像逆火，只会事与愿违。我将为你提供三点建议，帮助你时刻掌握自己的说话方式。

我的第一条建议是，语句一定要以“我”为重心。这个建议可谓相当寻常，几乎所有的婚姻咨询师都会提及——而它也确实有道理。在和咨询者谈话时，我有时会指着他们大叫一声：“你！”然后问他们感觉如何。他们通常会说，当时感到心怦地一跳，不然也会有其他的消极生理反应。“你”这个字眼在对冲突的讨论中非常有力——而且在大多数时候，人们借助它的力量所说的并不是什么好话。托马斯·戈登（Thomas Gordon）是第一个将以“你”和“我”开头的抱怨语句加以区分的人。“我”字句的首要特性是，它只反映出说话者的感觉和经历，并没有指责伴侣的意思。如果你说：“我希望你准时到达餐馆。当时我一个人独自坐在那里等你，我觉得很丢脸。”这两句话的重心都在于你的经历和感受。如果采取这种较为温和的说话方式，伴侣就不大会回以抨击、提起戒心，他（她）甚至还可能向你道歉。

爱的博弈论 WHAT MAKES LOVE LAST

> 与“我”字句不同，“你”字句直指伴侣的动机、感受、行为和品格。“你太自私了。”这不是一个单纯的陈述，而是指责。它势必会引来戒备和反击，让事态越发糟糕。

如果你想让伴侣改正，不要一开始就说：“你总在我吃甜食的时候指责我。你知道我很讨厌你这样。”你不妨换个方式：“可以请你在我不吃甜食的时候表扬我，而不是在我吃甜食的时候批评我吗？这会激励我健康饮食的。”最重要的其实不是你在语句开头使用的人称代词究竟是“你”还是“我”，而是你要保证，你所说的每一句话都不是指责。

我的第二条建议是，一开始就点明你们要谈论的具体问题或事件，并且不要跑题。现在正是你诉说的时候，而你的伴侣只能“被迫”倾听。在这种情况下，你很可能希望一次性吐尽心事，一口气说尽你的伴侣在上次开会（或自从你们第一次约会）后做过的所有不理智或愚蠢之事。但是请不要这么做。我希望你能了解，以专家的口气擅自指出伴侣的人格缺陷或行为问题只会适得其反。别提你对他们个人的看法，要就事论事，就像记者们做的那样。比如，你可以说：“垃圾还没有被清掉。”“笔记本电脑没电了。”“没有准时去接孩子。”

我的最后一条建议是，要仔细留意那些可能会刺激你伴侣情绪的因素。没有人在童年时没受过什么伤害。这些旧伤可能会让你们的冲突升级。加州大学洛杉矶分校的心理学家汤姆·布雷德伯里（Tom Bradbury）为此发明了“持续弱点”一词。轮到你做诉说方的时候，要在短期记忆里为你所知的伴侣的持续弱点保留一席之地。你可以想象，世上所有人（不只是你的伴侣）都穿上一件正面印着自己的持续弱点的 T 恤。我最“喜欢”的几条持续弱点有：“不要为了让我变得更好而给我提建设性意见”，“不要对我说教”以及“不要对我说‘你应该’怎么做”。

比方说，你知道你的女朋友非常反感被排斥，但你打算告诉她你想和高中的老朋友们单独聚一聚，所以不想带她去。那么，在说话的时候要温柔一点。你可以说：“我很喜欢跟你一起参加这类活动。但是这次我想和几个哥们儿聚一聚。可以吗？”又比方说，你在家务方面逼得太紧，以致你丈夫回想起他那被不断苛责的童年，这时你就要让他喘一口气。这就是我所谓的“提前修复”——在摩擦产生之前，绕路而行。

父母留下的包袱可能是个刺激源。你不能指望你的伴侣将这个包袱彻底放下，特别是在你竭力要求他（她）“改变”的情况下。但你仍然可以去了解，去同情和关怀，阻止这个包袱对你的伴侣和你们的关系造成伤害。要记住，你的伴侣也在为你学做同样的事。

“了解”和戈特曼－拉波波特蓝图中的所有其他情绪协调技巧一样，不仅可以用于解决冲突，在日常对话中用上一点了解的技巧，你和伴侣就更容易在关键时刻面向彼此。要让你的伴侣知道，你了解他（她）的感受。简单一句“亲爱的，怎么了？”就能一扫阴霾，阻止一场狂风暴雨。但是强硬、刻薄的语句，比如“现在又怎么了？”或者“你怎么总是出状况？”则会引发倾盆大雨。

T = 宽容

就算你能肯定你的观点是正确的，了解你伴侣的立场也非常重要。你不必同意他（她）的看法，但你必须接受这一事实：**你们可能有两种截然不同的正确认知，它们都同等重要**。伴侣的观点中也总有些值得你思考的地方。

说到宽容，不得不提到一个犹太人的老故事：曾经有一位拉比以善于处理婚姻问题著称。他曾经分别约见一对婚姻不幸的夫妻——高德斯坦夫妇，他的一位学生随他观察学习。他先是让高德斯坦夫人倾倒了 20 分钟苦水，然后说：“你说得太对了。你忍受的这一切真令我无法相信。我对你非常敬佩。”她回答道：“谢谢你，拉比！终于有人能理解我的看法了！”拉比又见了高德斯坦先生，也给了他 20 分钟用来抱怨，然后对他说：“你说得太对了。你忍受的这一切真令我无法相信。我对你非常敬佩。”高德斯坦先生回答说：“谢谢你，拉比！终于有人能理解我的看法了！”

在高德斯坦夫妇离开之后，拉比的学生疑惑地对他说：“我不明白——他们不可能都是对的啊！”

拉比说：“你说得太对了。”他深知，在任何一场争执中，双方眼中的事实都不止一个，而且都是“对的”。要想和你的伴侣一起解决问题，你必须了解并尊重他（她）的观点，尽管你可能并不同意。人们对同一件事的看法可能各不相同。就算上帝真的掌握了刻着终极真理的 DVD，他也很可能会像这位拉比一样，把它弃置在旁。

KEY WORD
爱的关键词

基本归因错误：即人们常常把他人的行为归因于人格或态度等内在特质上，而忽略他们所处情境的重要性。

如果你觉得自己在尊重对方观念方面存在困难，拉波波特的理论可能会对你有用。他发现，**我们在与人争论时，往往倾向于把他人看作自己的对立面**。我们认为自己的道德和品行都属上乘，而把对手贬低为道德败坏、品行不佳之人。这一趋势被另一位社会心理学家弗里茨·海德（Fritz Heider）称为**“基本归因错误”**（fundamental attribution error）：“我人格高尚，你人格低劣。”

尽管我们偶尔可能会深深自责或自省，但我们更倾向于认为自己才是人生这出大戏的主角，其他人不过是些小角色。因此我们常常原谅自己的错误，却不放过他人的过失。这种态度无疑会阻碍冲突的修复。所以，如果你认为自己有什么好品质，就想一想基本归因谬误吧，不妨假定你的伴侣也拥有同样的品质。如果你认为伴侣有什么不好的品质，也把它安在自己身上看看。你这样做后，或许就会想“在我生病的时候，他对我也很好”，或者“是的，她现在是有点自私，但我何尝不是呢？或许我们就是应该偶尔容许一下对方的小私心，才能更好地维持这段感情”。

就算你现在没有召开家庭联席会议，宽容之心也能让你尊重伴侣的观点，照顾他（她）的情绪。这是文斯和弗雷德的故事：在结束了和弗雷德一家的感恩节晚餐之后，文斯开车回家，一路上脸色都很阴沉。他觉得弗雷德的父亲整天都在谈论政治，其目的就是为了让他不舒服。而弗雷德却肯定，他爸爸不过是本色外露而已——那个老家伙从来都不会掩饰自己。他不同意文斯的观点，觉得他不应为此而恼火。但弗雷德也知道，如果对文斯说不要生气、忘记这件事，对事态是毫无助益的。**我们也许不能为自己选择情感，但对伴侣的情感，**

我们可以选择接受与否。

T = 变批评为愿望或积极的需求

在争吵时，我们常说“我不想怎么样”，而非“我想怎么样”。我们会说“别生闷气”，而不是“我希望你能告诉我你为什么难过”。我们会说“不要无视我！”而不是“我想得到你的注意”。

消极表达的问题在于，它听起来就像是批评。这世界上根本就没有什么“有建设性的批评”，不管人们是多么坚信它的存在。如果你不是刻意追求批评，批评只会引起对方的防御之心，阻碍问题的解决。无论你们多么信任彼此，没人能在受到人身攻击之后不去保护自己。我们曾经录下婚姻幸福度很高的伴侣的争吵过程，诉说方偶尔也会进行言语攻击，其伴侣无一例外都回之以抗拒。

要想让争论达成共识，你必须尽可能地稳定情绪，将你的伴侣的抱怨转变为积极、正面的需求。你的目标是为你的伴侣提供一张你的期望蓝图。想一想你自己的消极情绪吧，它们背后都隐藏着你的期望。你现在要将这些隐蔽的期望明确地表达出来。如果你感到愤怒，可能是因为某个你尚未意识到的目标无法实现（“我本想准时去参加那个聚会的”）。如果你感到悲伤，可能是因为你想要得到什么（“我真希望你能早点回家，这样我们就能一起吃晚饭了”）。而如果你感到失望，可能是因为你心怀期望（“如果你能跟我一起打扫厨房，时间就能缩短一半，我现在就能歇会儿了”）。

格蕾塔和埃迪发现，他们在家庭会议的第一阶段很难注意到他们隐藏在指责背后的微妙愿望。他们已经恋爱 3 年了。现在他们最主要的分歧是，该不该搬到一起住？格蕾塔想要同居，但埃迪还在犹豫。他们为此争吵不休，更因争吵而引发新的争吵（很不幸的是，家庭联席会议中经常出现这种无谓的争执）。每次分歧产生后，格蕾塔都会泪眼朦胧，一心想离开房间。这触怒了埃迪。在轮到他当诉说方的时候，他必须竭力抑制自己不说出这样的话：“你就像小孩一样。你总是打断我，然后走人——这让我觉得自己好像做了坏人。这就是为什么我不想跟你同居！”但是他多花了点时间，用笔写下心得，将抱怨变为愿望：“我想跟你说说我对同居的看法。但我希望你在我说完之前不要走开，不要伤心。”

轮到格蕾塔说话的时候，她也“改了”。她没有说：“你真暴躁。每次我们一有不同意见，你就发火。谁跟你在一起都会感到难过，想从你身边离开。”她也将抱怨变为愿望：“我希望我们能平静地讨论问题，谁都不提高音量。只有这样我才能留在房间里，一心听你诉说。”他们以此告诉彼此，如何才能阻止悲剧事件的发生。

但不要等到冲突产生之后才去表达积极的愿望。你可以用它来防微杜渐。比方说，如果你想避开那些典型的“开车时的争吵”，就不要说：“慢点！你开起车来就像个疯子！”而要说：“请你开慢一点，让我不用提心吊胆的。”

倾听方的责任

开家庭联席会议就像跳双人舞。当你作为诉说方时，必须理解、宽容你伴侣的弱点，不要横加批评。上述这些步骤总能帮你缓解气氛，控制你们的愤怒和焦虑。当你作为倾听方时，需要抑制住为己辩护、反唇相讥的冲动。如果你能想到在你说话时伴侣也会采取同样的态度，保持沉默、耐心倾听也许就不那么困难了。倾听方的目标是真心接受伴侣的情绪，了解这些情绪的起因和意义。倾听方还要尽力去弄清，究竟是什么引发争执、伤害感情的。

U = 理解，而非解决问题

参照我早期的情绪辅导示例，不要批评伴侣的愤怒、悲伤或恐惧。不要说“醒一醒吧”“你太敏感了”或者“其实没有那么糟糕嘛”。你应该接受伴侣的全部情绪或愿望（但你不一定非得接受他或她的行为）。情绪也有其目标和逻辑。伴侣的情绪不是由他（她）自主选择的。如果你坚持认为消极情绪会浪费时间甚至是危险之物，那么你就不可能与伴侣协调共处。“你没有理由哭”或者“加把劲啊”这类话很难产生效果。你可以试试说：“请告诉我你为什么要哭，好吗？”

谈到理解，我的最后一个建议是**不要试图在家庭联席会议上解决你伴侣的问题，或者提出让他（她）满意的办法**。我已遇到过太多困囿于此的夫妻。有人认为，他们有责任帮助他们的伴侣。但他们一旦坚持这高尚的义举，反而会给伴侣带来伤害。

比尔和妻子丹尼丝已经结婚 12 年了，他在这 12 年里都感到如履薄冰。他们刚来向我寻求帮助时，他很怕触怒她或令她伤心。他想让我评估她是否患有精神疾病。她显然没有。丹尼丝来自一个感情外露的家庭，她的父母从小就教育她要勇于表达消极情绪。而比尔则与之相反，来自一个沉默内敛的家庭。除了快活和乐观之外的任何情感，他都唯恐避之不及。悲伤、愤怒、恐惧和矛盾——这些消极情绪对他来说没有任何差别，只会令他感到焦虑。在丹尼丝看来，比尔特别容易急躁。她告诉我，每当她走进房间的时候，比尔就会迅速给自己盖上一层防护罩。她因此戏称他为“蝙蝠车”。

虽然丹尼丝坚称比尔从不听她说话，比尔却很肯定自己一直在留心倾听。在分析过他们在爱情实验室中的数据后，我发现，在丹尼丝向他发出求救信号时，比尔在大多数情况下确实会面向她，可惜他所用的方式却不能满足她的期望。他认为他有责任帮她驱散坏心情，但这却让他们无法产生情绪协调。在她有事心烦、情绪不佳时，他总会根据自己的经验为她提供些切实可行的办法，或者让她改变自己的态度。他最喜欢说的话是“就算老天给你一手烂牌，你仍然可以打出好局势”，而她听到这番哲理，只会说“话是这么说，但……”（她一般都会这么说），这让他尤为愤怒。比尔的意愿是好的，但他的建议会让妻子羞于表达情绪。而这只会让她感觉更糟。

我让比尔“少做一点”，在丹尼丝向他寻求情感支援的时候，不要总想着解决问题。过了一段时间，比尔意识到他只要听她说话就行了，不一定要提出指导意见。他也逐渐明白自己不能控制丹尼丝的情感。他也不需要给妻子鼓劲，为她抚平心绪或者哄她开心。她这时唯一需要的不过是他的理解和关心。

要想确保你能完全了解伴侣的感受，不要急着充当倾听方。花点时间问些问题，让你的伴侣能对你和盘托出。（“你还有什么感觉？”“你还有什么话想说吗？”）一般来说，人们在感到沮丧的时候，消极情绪会像多米诺骨牌一样连缀成列。排在首位的可能是愤怒，然后是恐惧，而后是悲伤。如果你的伴侣不能将这些情绪在谈话时全都表达出来，它们就会停留在他（她）心里，无法消除。

N = 无防御聆听

伴侣总会收到这样的建议：要想解决争端，就必须倾听对方的观点而不忽略其言语中的锋芒。但正如我曾经说过的那样，如果你的伴侣向你发出唇枪舌剑，像佛陀一样保持绝对的容忍和理解几乎是不可能的事。**没错，诉说方确实有责任不刺激你，但你有时也需要靠自己来平复情绪。**

大多数人都会觉得倾听是最难掌握的技巧。伊桑很害怕与妻子彭妮吵架，因为他总在她发脾气时情绪崩溃。他在开第一次家庭联席会议时对此深感不安。彭妮想跟他讨论他们在本周早些时候的一次争吵。当时，伊桑忘记他们已经买了音乐会的门票而计划跟朋友出去玩。彭妮无法忍受丈夫居然忘记和自己的约定，她担心他不再将他们的生活放在第一位。但是伊桑坚持认为自己只是有点健忘，他在小时候就常因此而受到责骂。这是他的持续弱点之一。上一次试图解决争端的努力也像往常一样付之东流，很大程度上就是因为伊桑的反驳。他们上次的“对话”大致如下：

“你为什么不提醒我有场音乐会呢？”

“我又不是你妈！”

“那你就别像我妈一样管我！”

接下来他们会继续你来我往地争吵，然后伊桑情绪崩溃了，他们在接下来的几个小时里互不理睬，直到他再次意识到自己的错误，感到羞愧难当。

伊桑只要一想到彭妮会在家庭联席会议上提起这件事就脉搏加速。但是彭妮在倾诉自己的苦衷时并没有对他横加指责：“我提醒你要参加音乐会，但你只是耸肩笑笑。这让我感到很伤心，就好像你觉得令我失望没什么大不了的一样，说句‘哎呀，抱歉！’就完了。是的，你确实答应我取消跟尼尔的聚会，和我一起去听音乐会。但你给我的感觉就像是你帮了我一个大忙似的。”彭妮这番话的重点从始至终不离自己，尽量使用“我”字句。但是伊桑仍然觉得难以接受。他几乎可以肯定，就算彭妮使用了漂亮的言辞，但在这番光鲜外表下的还是原来那些责怪和非难。

他希望自己能说：“好的，我很抱歉。”以此结束战局。但他也知道，简单的一句道歉并不够。他怎么才能跟彭妮解释清楚自己真的忘记了？但她经常给他施压，让他不要总和朋友们出去玩，这是不是也很不公平？总是由她来决定难道就公平了吗？所以她是不是也有错？但他在成为诉说方之前不该提到上述任何想法。而在他成为诉说方之后，他虽然可以说明愿望，但不能刺激她。这许多纠缠不清的情绪涌入头脑，让他难以招架。应该怎样回应才好呢？

基于对实验中“情绪协调大师”的观察，我为伊桑这种咨询者提供了如下策略，帮助他们抑制防御之心，推动家庭联席会议向有建设意义的方向发展。

1. 停顿和喘息。如果你能在回应他人言语攻击之前给自己一个喘息的机会，你就更有可能成功地平复情绪。深吸一口气，放松肌肉和肢体。但不要因此分神而停止倾听。要记住，你是一个倾听者。你不能在倾听时说话回应。持续呼吸，把想说的话咽下去，把注意力集中在伴侣身上。

2. **写下伴侣说的话以及你的反驳。**这条策略对我自己来说非常有用。如果我对妻子的话感到抵触，我会找张纸写下来。我会提醒自己，我是关心她的。而她现在很不满意，很不高兴，或者很痛苦。我虽然内心很想反驳，但我要等轮到我的时候再说话。有时候，我做的不过是逐字记下她所说的话和我的反驳，但效果却非常显著，往往可以令我在发言之前平复情绪。

3. **记住你爱他（她）并尊重他（她）。**唤起你内心深处隐藏的爱和保护伴侣的愿望。对自己说："我们都不会无视对方的悲伤。我必须理解他（她）的痛苦。"试着将你此刻的愤怒和沮丧割离出去，想一想你们的爱情和婚姻中美好的部分。伊桑想起他大学时初遇彭妮的那天——当时他还是个工读生，正在餐厅打工。他把鸡汤舀到她的碗里，抬头时冷不丁对上她的明眸，一时竟感到难以呼吸。现在，她的爱在他脑海中浮现成形，他想起她对他的百般支持，她让他开怀大笑，她在他父亲去世时给予他精神安慰。关于这份爱的记忆是如此深厚，她现在不过是抱怨几句，他怎么就不能忍让呢？与此同时，彭妮也在睁大眼睛观察他的反应，期望他能理解、接受并尊重自己的感受。他做了一次深呼吸，说："是的，我的健忘伤害了你。而我表达的方式——大笑和耸肩——让你觉得我并不在乎，故意要让你失望。就好像在我看来这没有什么大不了的。我理解的对吗？"彭妮点点头，眼里流下泪水。伊桑的话打破了他们婚姻中的一块坚冰。

E = 共情

在最初一版电视剧《星际迷航》中，史波克先生通过瓦肯人特有的"心灵融合"能力与他人产生心灵感应，分享意识。要想做到这一点，他需要先暂时屏蔽自己的意识。这与我将谈到的"共情作用"非常相似，特别是在你的伴侣感到受伤、气恼或难过的时候。要想彼此协调，就需要达到类似的心灵融合：你几乎要变成你的伴侣，你要切身去体会他（她）的感受。我们都有这种能力，但我们需要先将自己的观念和情绪抛在一旁才能真正运用这能力。

谈到对共情理论的阐述，大概没人能比利文森和他当年的学生安娜·罗夫

（Anna Ruef）做得更到位了。他们进行了一系列研究，要求被试观看一部关于夫妻吵架的短片两次。第一次观看时，被试要时刻记录下自己的感受。第二次观看时，他们要猜测他们的伴侣在看这部片子时的感受。这个实验最关键的部分在于：在被试作猜测时，研究者会同时测量他们的生理反应。实验发现，那些猜测更为准确的被试的各项生理指标几乎与他们的伴侣完全一致——在他们身上表现出了伴侣的生理反应。这一发现也拓展了信任的含义。**要想充分理解你的伴侣，你需要和他（她）产生共情作用，程度之深甚至会表现为生理的同步性。**

想解决冲突，这类身心融合非常必要，但也可说是最难做到的。但如果你和伴侣都想成为绝佳的倾听者并为此不断努力，你们就更容易达到共情的状态。但是请记住，**在伴侣说话时不要插嘴，要把注意力集中在他（她）的感受上。**

在轮到你对伴侣的话作总结的时候，要表现出共情，而非完全中立。与其说“你想让我准时到，是因为如果我迟到你会觉得我不重视你”，不如说“你想让我准时到，我认为这很有道理”。这样可以让你的伴侣知道，你把他（她）的观点和感受视为是合情合理的。承认伴侣的观点并不代表你就要放弃或忽视自己的看法。如果把你的伴侣的人生经历加到你身上，你可能也会产生和他（她）一样的感受和需要。接受伴侣的感受和需要是迈向情绪协调的重要一步。若在总结时少了它，就好像做爱时没有爱情一样。

大多数夫妻一定都知道，**共情作用是婚恋关系的支柱，**其影响绝不仅限于家庭联席会议。有这样一对夫妻：丈夫李的背受伤了，他变得性情乖戾、不听医嘱，他认为没什么大不了的，也不做康复练习。他这种幼稚的态度惹恼了妻子苏珊，也让她非常担心。后来她意识到，脊背受伤刺激了他的一个持续弱点：他觉得自己的身体比别人差，因为他的父母都在很年轻时就去世了。出于心理补偿的需要，他否认自己的身体出现状况的事实。因此，苏珊没有催他去做康复练习，而是说：“我能理解你为什么不想做练习。我知道你只是不想感觉自己身体太差。但是亲爱的，你的身体并不差。你很强壮健康。只有强健的人才会背痛。”苏珊理解她的丈夫，尊重他的感觉。虽然这番话既无法治好他的背痛，也不能让他在瞬间变成一个“配合治疗的好病人”，但是无疑会让李感到苏珊站在他的一边，也一定会增加他们的亲密度。

第 1 步：让家团结如初

如果你在家庭联席会议中使用情绪协调技巧，就会发现它与“正常”的会议很不一样。但这不会让好处减少分毫。梅塞德丝和奥斯卡是一对面临严峻婚姻问题的中年夫妇。作为参与我实验的 100 对夫妻之一，他们很快就掌握了诉说–倾听技巧。梅塞德丝中年转职成为律师一事对他们的婚姻产生了极大影响。奥斯卡感到自己被妻子忽视了，他们之间的紧张情绪一时暴涨。过去，他们的个性彼此互补——他沉静内敛，她热情外露，他们曾经是一个很稳固的组合，对于二十多岁的女儿莉迪娅和患有自闭症的十几岁的儿子杰克来说更是如此。但是现在他们的婚姻问题几乎要将家庭拆散。梅塞德丝认为，奥斯卡暗示女儿莉迪娅，是她破坏了婚姻，而奥斯卡自己则没有责任。她认为，他的污蔑已经让她成为家里最不受欢迎的人，奥斯卡则坚持认为，她们母女间的真正问题在于梅塞德丝没有给予女儿足够的关心和支持。莉迪娅在她那位事业成功、活力四射的母亲身边总显得缺乏安全感。

他们家庭会议讨论的重点是如何使家庭团结如初。奥斯卡希望梅塞德丝能多照顾一下他们的女儿。梅塞德丝则希望奥斯卡能让莉迪娅和其他家庭成员明白，她不是破坏家庭的坏人。但在达成共识之前，他们需要倾听对方所想。他们的对话是这样的。[方括号里的是我的评论。]

梅塞德丝：我因为莉迪娅的事真的很难过，心力交瘁。我希望你能帮我。*[变批评为愿望。]*

奥斯卡：（长时间沉默）

09

戈特曼–拉波波特蓝图

梅塞德丝： 悲伤，这就是我对此的全部感受。我真的坚持不下去了。我甚至有一点想放弃了。这件事情真是太难办了。*[了解。她使用了“我”字句，比较不易激起奥斯卡的防范心理。]*

奥斯卡： 哦，你为孩子们的事感到难过，你想寻求我的帮助，对吗？

梅塞德丝： 是的。我想让你和莉迪娅谈谈，也和家里所有其他成员谈谈。

奥斯卡： 哦。所以你想让我帮你改善你和莉迪娅的关系，你也想让我和我家其他人好好谈谈，是不是这样？*[理解。奥斯卡并没有试图解决问题。他首先要确保自己完全理解梅塞德丝的意思。]*

梅塞德丝： 是的。但你知道些什么吗？

奥斯卡： 我不清楚。

梅塞德丝： 我也觉得。她那么说，真伤了我的心。没人知道那些，人们只知道我伤害了她。

奥斯卡： 好吧，你是不是也想让我和你家那边谈谈？我们两家？

梅塞德丝： 不，只和你家那边谈谈就好，让他们不要总觉得我就是个魔鬼，让他们知道我们在努力改善现状。你父亲马上要过 70 岁生日了，我不想把这件事闹到他的生日聚会上去。

奥斯卡： 我明白。我知道你的意思，因为莉迪娅已经去找泰德叔叔谈过了。我家那些亲戚都在议论这件事。

梅塞德丝： 是啊，我现在变成坏母亲了，我家那边的亲戚基本不谈这件事。但你家那边就不同了。

奥斯卡： 好的，我明白。我明白你的感受和需要。我家的亲戚很喜欢联合起来说人坏话。如果你和莉迪娅能在我父亲的生日聚会上说话，大概就没人再说什么了吧。*[共情。]*

梅塞德丝： 你是对的。我也希望聚会那天大家都愉快。

奥斯卡： 所以，你说完了吗？你觉得我听明白了吗？

梅塞德丝： 不，还没有。你很清楚莉迪娅和我之间的裂痕。我不应该责怪你，但我需要你，我非常需要你跟莉迪娅谈谈，为我们的冲突承担一点责任。她现在把一切都怪在我头上，她觉得我为了管理律师事务所而忽视了你的感受。我们产生冲突固然一部分过错在我，但不应全怪在我头上。*[开始指责她的丈夫。]*

奥斯卡：并非全是你的错。我们之间有矛盾，我也应该承担很大的责任，因为我觉得我们做爱次数太少了。我们已经和戈特曼博士全面地探讨过了。*[无防御。]*

梅塞德丝：是的，我们已经全面地谈过了。我也知道我没有像你希望的那样做一个深情的妻子。我会努力改善的，好吗？

奥斯卡：好的，现在已经好很多了。

梅塞德丝：你也要跟我谈论性爱，询问我的性需求和爱好，对吗？

奥斯卡：是的。我的错误在于夹在你和莉迪娅两人之间而让她同情她老爹，所以站在我这边一起对抗你？*[理解。]*

梅塞德丝：正是这样。用一个词来形容就是"三角对立"，记得吗？我需要你和她谈谈——但不要谈得太详细——我仍然希望接受治疗这件事能保密。我希望你能跟她说说，你对我们的冲突也负有一半责任。*[现在变批评为愿望。她不再责怪他说自己的坏话，而是请他帮助自己解决她和女儿以及他的家人间的矛盾。]*

奥斯卡：好的，我明白了。我不会再跟你三角对立，把你当作坏人，因为你不是。我明白这会让你伤心。我过去做得不好，我很抱歉。*[共情。]*

梅塞德丝：好的，我接受你的道歉。那么就这样吧。我要说的都说完了。现在轮到*你*说说，你想要什么，需要什么？

然后他们互换角色，奥斯卡成为诉说方。

奥斯卡：莉迪娅被忽视了。你把时间都花在学校里，从不陪她。*[这不算一个好的开始。他使用"你"字句来指责妻子。]*

梅塞德丝：这么说可不对。我花了太多精力在杰克身上。但我也关注莉迪娅。*[反驳。这会让她无法静下心来倾听奥斯卡的诉说。]*

奥斯卡：她得照顾杰克。或者说她觉得应该照顾他。

梅塞德丝：就算我去上学，大部分时间里也是我在照顾他。但他们两个一直都非常亲密。她想要照顾他。*[更强烈的反驳。]*

奥斯卡：但她觉得你特别不重视她。我曾经代替过你的位置，但她需要母亲，现在也是。*[更多“你”字句。]*

梅塞德丝： 所以她跟你亲近。我感到有点被围攻了。你说的是我做过或者没做的事。我不得不说，你搞错方向了。这让我很难听明白和做记录。*[梅塞德丝试图将谈话引回正轨。]*

奥斯卡： 噢，是的，对不起。我没有谈自己，只在谈你。这正是他告诫我们不要做的。*[她的修复措施生效了。]*

梅塞德丝： 好的。

奥斯卡： 我觉得我很生气。我并不是气你去法学院上学或者经营自己的事务所，你做的这一切都让我感到很骄傲。上次看你参加庭审，我真高兴。那真是一次享受。你在法庭上是如此光彩照人，陪审团里那些男人也都这么觉得。

梅塞德丝： 谢谢你。我确实在最后一分钟搞定了那场官司。

奥斯卡： 那我究竟是为什么生气呢？我觉得，我对你生气是因为你在莉迪娅面前对我大喊大叫，吓到她了。还有就是你们在我母亲的葬礼上吵架。

梅塞德丝： 哦，老天。我不得不为自己申辩一下了。奥斯卡，那天她特别难过的原因，是她丈夫在外面拈花惹草。让她难过的是这个，不是我。

奥斯卡： 我不知道这件事。她告诉我，她难过是因为你我不合。

梅塞德丝： 我猜那也是一个原因。好吧，让我们继续讨论你的需要。

奥斯卡： 所以我想让你听她说话。进行一次漫长的谈话，你只听她说。*[变批评为愿望。]*

梅塞德丝： 好的。你想让我耐心听她说话，而且不像我刚才对待你那样反驳她，是不是？*[理解。]*

奥斯卡： 是的。

梅塞德丝： 还有呢？

奥斯卡： 你看，她真的很敬仰你。我觉得她有点怕自己比不上你。*[了解。他使用了“我”字句，没有指责梅塞德丝对女儿造成威胁。]*

梅塞德丝： 真的吗？她是位很出色的护士。她在急诊室里的当机立断让人印象深刻。何况我法学院毕业时年纪比她大多了。我不知道她为什么会觉得有必要跟我比。

奥斯卡：我还知道，莉迪娅并不认为你真的为她骄傲。

梅塞德丝：她真的这么认为吗？

奥斯卡：你亲口对她说过吗？

梅塞德丝：没说太多。我曾跟你说过，在我小时候，我的家人从来不说什么鼓励的话，或者表达喜爱之情。

奥斯卡：我知道，那是你的持续弱点。*[宽容。]*

梅塞德丝：是的。看看我的理解对不对。你很为我生气，想让我静下心来听莉迪娅好好诉说一番，让她能把心里话都说出来。你还想让我直接告诉她我为她骄傲，是吗？*[理解。]*

奥斯卡：是的，正是这样。也许你还能告诉她，你很感谢她对杰克的照顾和关心。*[变批评为愿望。]*

梅塞德丝：好的，我能理解。她能和他交流，真的很棒。事实上她教给我很多东西。刚才你夸我打赢官司时光彩照人，我感觉棒极了。我明白。我会直接告诉她我为她感到骄傲。我会试着去做的。好吧，还有没有别的什么？*[共情。]*

奥斯卡：没了，差不多就这些。

虽然走了些弯路，但是奥斯卡和梅塞德丝还是能够倾听对方，产生移情作用。他们下一步要做的，是寻找解决冲突的方法。

第2步：劝导与解决

如果你们的观点已为对方所倾听和理解，你们就可以着手解决冲突了。在这个过程中仍然要敞开胸怀接纳伴侣的意见，但也不要一味屈从。如果问题无法解决，很多时候是因为你们其中至少有一方让步太多，却不能信守承诺。要避免这种情况出现，你首先要确定自己的核心需求，让你和你的伴侣都清楚，你不能在这些方面让步。我建议伴侣双方找张纸写下这些需求，在外面画一个圈。（“我不能住在离家远的地方。”“我每天必须锻炼。”）尽量把需求减到最少，留在最终方案上的只是那些对你的幸福感和婚姻的成功来说至关重要、缺一不可的。用“我”字句表达出这些不容商量的最低需求，**不要让你的伴侣感觉受到指责或逼迫**。举个例子，“我希望我们能花更多的时间与人交际”是在表达核心需求，而说“我想让你变得更外向”则是指责。

下一步，在刚才的核心需求圈外再画一个更大的圈。在这个圈里写下你能做出让步的方面，比如时间、地点和方式。(“每隔一个星期出去玩一次也行。”“我可以换一家更近的健身房，这样我就能早点到家。”）你提出的方案并不一定像这些例子一样清晰明确、适宜合度——真是这样，你不需要我们的帮助，自己就能轻易解决争端了！**要想最终得到一个双方都能接受的和解方案，你们难免会经历无数挣扎和讨价还价。对伴侣提出的意见要有开明接纳之心。**协商可能耗时良久，但我也曾目睹很多这样的例子：他们看似连核心需求都无法满足，最后却能成功解决问题。帕姆和迈克这对夫妻在郊区居住了多年。帕姆想搬到大城市里享受退休生活。但她的丈夫迈克却一直希望他们能一起驾船环游世界。他们最终确定的解决方案是这样的：花两年时间航行，再到纽约住上两年，之后再决定如何度过余生。

但有时人们确实无法达成和解。如果其中一人的梦想是另一个人的噩梦，那么这个冲突几乎无法解决。比如其中一个想要孩子，而另一个不想。如果伴侣间存在如此之大的分歧，一般来说是无法解决的，甚至可能根本就不该试图解决。在这种情况下，使用本蓝图可以帮你们弄清，你们为何应该结束这段关系。

然而**对大多数伴侣来说，协商总能达成和解，虽然一次家庭联席会议可能不足以解决问题**。你需要时间来思考伴侣的立场以及你们讨论的所有方法。下面这段对话来自梅塞德丝和奥斯卡。他们使用本蓝图来协商关于女儿的意见分歧。

梅塞德丝：好的。现在咱们可以讨论一下解决之道了。看，我画了两个圆圈。内圈中的这些需要是我不能做出让步的：你找莉迪娅谈谈，告诉她你也应为我们的不和承担一部分责任，我们会继续接受婚姻治疗，解决冲突。另外，你至少要跟泰德叔叔谈谈莉迪娅的事，告诉他，她将冲突全部归罪于我，自己站在你那一边，而且你也支持她这么做。

奥斯卡：好的。那你可以做出让步的是什么？

梅塞德丝：你不需要对家里的所有人说我是个好母亲，只要跟泰德说就好了。我也不在意你什么时候去找莉迪娅谈话，只要在生日聚会之前就行。

奥斯卡：好的，这很合理。我不能做出让步的是，你要和莉迪娅做一次长谈，你要耐心听她说话，告诉她你为她骄傲。

梅塞德丝：那你能做出让步的是什么？

奥斯卡：我愿意对莉迪娅说，我们不和，我也有责任。我也会对她说，我刻意把你说成是坏人。在参加治疗之前我没有意识到这一点。我真的很不善于处理这种事。她应该听得进去。

梅塞德丝：好的。你能为此道歉，我很高兴。我们会在你父亲的70岁生日聚会前努力解决所有这些问题的吧？

奥斯卡：我们也许在这周就能动手？

梅塞德丝：你先开始，好吗？

奥斯卡：没问题，很合理。

梅塞德丝：好的，握手为定。

奥斯卡：握手为定。

梅塞德丝和奥斯卡基本上能够遵照规则，相对容易地由协调达成和解。尽管在这个过程中经历了种种痛苦和磨难，他们仍然接受了对方的核心需要，愿意满足对方的要求。

但就算有本蓝图作为指导，要想真正做到理解与和解也并非易事。伴侣们不应期盼现实与指南一模一样，或是他们很快就能达到情绪协调。扎克和朱迪的婚姻因工作和照料孩子的矛盾而颇受动摇，他们想借助家庭联席会议来扭转颓势。有一天，扎克刚刚出差回家，他听说在他离家的这段时间里，他们的女儿卡拉学会了走路。错过了这样一个激动人心的时刻，他感到非常难过，但朱迪却一点儿都不同情他。她请了一周的假在家照顾卡拉，感到精疲力竭，而扎克在这期间只打过两次电话，这让她非常生气。他们双方都感到对方不理解自己。在家庭联席会议上，他们有时就像在争论谁是最惨的受害者一样。但在最后，他们终于能放下抱怨，想出对策。请看下面这段对话，其中括号里的是他们的真实想法，方括号里的则是我的备注。

朱迪（诉说方）：我要说的是，你一整个星期都不在家。我知道，有你在家里日子不好过，但是没有你，这日子简直就像是一场噩梦。

扎克（倾听方）：但是我们有个保姆啊。在我离家期间，你有个得力的帮手。*[以“你”字句来辩解。这对情况有害无益。]*

朱迪：这周保姆的孩子感冒了，她自己也在发烧。我怎么可能让她来照顾我们的孩子？我还得临时找人来顶替我的工作，真是糟糕透了……你在电话里从来没有问过我究竟承受了多大压力。

扎克：你也没问我报告做得如何。很不错，多谢关心！*[更激烈地反驳。]*

朱迪：我知道你做得不错。但我过得可不好。（我想让他知道，在他离家逍遥快活的时候，我可是在家里忍受这一切的。）

扎克：你不用去工作，我可是要干活的。（我完全不想去参加那个会议。但是与会者对我的职业生涯来说相当重要，这关系到我们的未来。她如果能给我一点点理解就好了。）

然后，扎克和朱迪回到正轨上，开始交流。

朱迪：然后你回家，想得到我的关心？想做爱？你还想要什么？

扎克：（笑）比如说，生第二个孩子。*[试图修复。]*

朱迪：一猜就是。*[他的修复措施起效了。]*

扎克：我明白你的意思。我记得有一次你父亲生病了，你回去看他。我一个人带着卡拉过了两天，还得继续工作。压力忽然大增，我感觉自己快死了。

朱迪：我只是希望你在离家的时候能花点时间打个电话回来，我们可以好好

谈一谈，让你知道我有多累。*［变批评为愿望。］*

扎克：好的。我忙于会议，几乎没有时间打电话，但我确实应该跟你多聊聊。我真的很抱歉。其实我在那儿的时候一直想着你！*［感激。］*

朱迪：我知道你为错过她初次走路而难过。那真的非常神奇。*［共情。］*

扎克：在电话里听到，当然不如身临其境好。

朱迪：当然。尽管那是这周发生的唯一一件好事。

扎克：我在会议上取得了不小的成功。我希望你能理解我为什么必须去参加。*［变批评为愿望。］*

朱迪：是不错。我知道你必须去参加那次会议。我很高兴你去了。

扎克：谢谢你。（她终于理解我了！感觉真不错。）

朱迪：但我当时只能想到，我必须面对这场噩梦，而你却能在外面好吃好喝，发展事业。我只能吃速冻食品。一周里我只冲过两次澡。

扎克：确实很糟糕。你是对的，有几次饭局确实很棒，我真希望你能在那里。*［共情。］*

朱迪：我也希望。（他终于理解了！）

扎克：有一次吃的是法国菜，你一定会喜欢的，配有很棒的巧克力甜点。

朱迪：听起来不错！

扎克：我在想，我们两个也许可以去班布里奇岛上的小旅馆住一晚。

朱迪：我喜欢那个地方！（且慢。）但我不想离开卡拉。

扎克：只是一晚？

朱迪：我猜我们可以。（我终于再次感到被关爱、被理解了。）

扎克：你知道我最想要什么。（请说“做爱”吧，拜托了！）

朱迪：嗯，谢谢你耐心听我说话。没问题。（如果我们能在一起共度周末，一定很不错，我也不必为我们做爱的问题负疚了。）

扎克：好啊。（终于可以上床了！）

扎克和朱迪迎来了人生中一次重大转变——为人父母。他们因此而日渐疏远了彼此。但他们还是努力重回伴侣身边。如果他们不忘向对方表达理解和支持，就算时有分歧，他们的婚姻也仍然是一处安全的港湾。像很多夫妻一样，他们偶尔也会发生争吵，特别是面临压力的时候。但正因为已经掌握了情绪协调技巧，他们有能力在持续性伤害发生之前解决问题。

戈特曼事后修复法：治愈感情旧伤

在你熟练掌握家庭联席会议法之后，我建议你用它来重新审视你们过去那些危及婚姻的阴魂不散的事。如果没有获得理解，糟糕的记忆会把婚姻一点一点地推向消极诠释的深渊。我因此开发出一种以情绪协调为核心的方法，它能帮助伴侣解决这些延续至今的矛盾。

事后修复法与蓝图很像。其目标是增强伴侣间的理解和共情。但它的作用比蓝图更广泛。但有一条原则是通用的：**你不能争辩“事实”**。一切在于理解；任何一方的观点都是对的。但你一定要等到对那次事件的情绪反应不再激烈之后才能使用本修复方法。只有到了那时，你才能在讨论时不陷入其中，而像坐在戏院包厢里看台上演员的表演一样展开讨论。不同的是，台上的演员就是你们自己。**如果你们中任何一个情绪失控，就要立即叫停。**

在向对方表达理解后，依据下列 6 个步骤轮流充当诉说方和倾听方。（若想得到额外的帮助，可以在附录 2 里找到适用的表达方式。）

第 1 步：回忆并大声说出所感

如果你是诉说者，请描述你当时的全部感觉。但此时仍不要说你为什么会产生这些感觉。在轮到你的伴侣诉说的时候，也不要做任何评论。

第 2 步：讨论你们各自眼中的事实

要明白，你看到的事情不一定和你伴侣眼中所见相同。不要争论“事实”如何。轮流讲述你们各自眼中的事实。为避免这类事故，你在伴侣身上学到了什么？如果你是诉说方，要记得以愿望来表达要求（“我希望你……”）。要把所有需求都说明白，哪怕其中有一些可能并不明智，或者有点自相矛盾。如果你在当时没有承认某些需求，现在也要一并提出。人们最常见的需求是获得倾听、理解、赞美、渴望和安慰。让伴侣了解你的内心感受，可以帮助他（她）理解你的行为。细节描述得越详细越好。（“我希望你在我说话的时候不要发短信。”“我希望你在见到我的时候表现得愉快。”“我希望在我们出去之前和你做爱。”）当然，不要批评和责怪你的伴侣，也不要随意给他们安插动机、意图、态度和行为。当你说完之后，你的伴侣会对你的话作总结，并对你陈述的事实表示理解。如果你觉得伴侣明白你的意思，就可以互换角色了。

第 3 步：找出深层诱因

在冲突发生时，究竟是什么触发了你的情绪开关？通常来说，情绪开关是你萌芽于童年时期的持续弱点。其中常见的有：被排斥、被操控、虚弱、被诬蔑、被批评、被轻视和不安全感。

用你自己的话，说出你所有的情绪开关。

“就好像我被责怪了一样。”

“就好像我被指着鼻子去做这做那，全然不被尊重。”

“我感到失去了支持和保护。我必须独自一人处理所有的事情。”

第 4 步：回顾这些诱因产生的源头

解释情绪开关的来历。回顾人生，找到你曾有过的、产生同样感觉的时刻。描述这个诱因和它的来历——也许它来自你童年时期，也许它是你上一段恋情的遗留物。说出当时发生了什么以及你的反应。与伴侣分享得越多，你的伴侣就越能理解你，越会记得不要给你的伤口撒盐。

“在我第一次婚姻中，我前夫总把一切事情都怪在我头上。他从不承担任何责任。我们参加你妹妹的聚会迟到时，你指责我，我当时的感受是：哦，天哪！

这事又发生在我身上了。”

“在我小时候，我母亲总是对我指手画脚。我父亲去世之后，她控制了一切。如果你用要求而不是请求的语气让我刷碗，在我听来就像是命令一样，一下子就会把我打回童年，激起我的愤怒。”

“我父亲过去常对我说‘自己的仗自己打’，就算比我大很多的哥哥挥拳揍我，我也无从寻求帮助。所以你不想听我讲我和老板的矛盾让我又失去了安全感——就好像我独自一人受到攻击，没有人来帮我。”

如果作为倾听方的你觉得，处于和伴侣同样的情境之下时你会做出截然不同的反应，也不要横加指责或提出“更好”的应对方法。

第 5 步：承担责任和道歉

你应该已经从经验中了解，为自己找借口或把责任推到别人身上对事态发展不会有任何帮助。既然如此，还不如坦然承认过失。人们通常会犯的错误包括过分敏感、指责或反驳，还有装成受害者，对对方的话充耳不闻。在承担责任之后，为你的具体行为向伴侣道歉。试着用一两句话向你的伴侣说明你在那次事件中扮演的角色。你的伴侣也要做同样的事。

下面这对夫妻正在回顾他们过去的一次争执。当时他们在讨论妻子花钱太多的事，最后大吵了一架。她内心深处的情绪激发点是被贬低。当丈夫拿着最近的一张账单质问她时，她想起自己吝啬的父母总在她想要什么东西时斥责她，就好像那是她的性格缺陷一样。

她：我指责你不爱我了。我知道这很荒谬。我很抱歉，我反应过度了，在你还没说完话的时候就开始大喊大叫。

而她丈夫内心深处的情绪激发点是被忽视。这是他第一次婚姻的遗留物。每当他想和第一任妻子讨论什么问题的时候，她都当他是空气。

他：为了摆脱被忽视的恐惧，我变得太过强势了。这是我的错。我很抱歉。我知道，我让事情变得更糟糕了。

第 6 步：下次怎样做更好？

现在你们已经对过去那场不幸事件的起因有了更深的理解。你们可以讨论一下，如果下次再遇到这样的事，你们应当怎么办？在上述例子中，丈夫可以在询问妻子的花销时态度更温柔一点，妻子也不必提高音量以压过他的抱怨。现在他们已经知道了对方的持续弱点，会更加尊重彼此，也能及时看出对方是否反应过度。在我接待过的伴侣中，那些掌握了谈话技巧的人在婚姻信任度上有了极大的飞跃。在困难初露苗头之时，他们就知道要诚实表达、温柔接受彼此的观点，从而更加靠近对方。

一旦你养成了每周开家庭联席会议讨论过去和当前困难的习惯，你就不会觉得这方法太呆板了。你们的例会也会变得更加有益和高效。随着时间的流逝，你们可能不再需要频繁地召开例会。也许你们会发现自己已经能敏锐地感知争端，在其造成伤害前就将它“掐灭”。

用家庭联席会议来处理当前和过去的种种不满会巩固你们之间的信任，从而避免背叛。但也有一个例外：这个方法本身无法治愈那些有过出轨经历的伴侣。虽然其他类型的背叛也会破坏婚姻，但是它们与外遇不同。我们的文化传统避免谈论通奸的原因，我们自己也耻于谈论性爱。这就意味着要想治愈外遇对婚姻造成的伤害，需要特别留心，也需要特别的方法。修复的过程相当艰难，但如果伴侣双方真的不顾一切想要回到对方身边并重建亲密的话，确实有方法能帮助他们。

WHAT MAKES LOVE LAST

10

出轨概率

|出轨的预测及修复|

HOW TO BUILD TRUST AND AVOID BETRAYAL

喜剧演员罗宾·威廉姆斯（Robin Williams）曾经说过："上帝赐予男人阴茎和大脑，但上帝给男人的血液不能支持它们俩同时正常工作。"稍加修改，这番嘲讽也可能同样适用于女性。出轨容易，但是想在出轨后修补婚姻的裂痕却极其困难。我常想，如果人们能稍微想想事后修复之艰难，他们也许就不会去犯错了。但很多时候，人们就算想过后果也照样会犯错。这也许能说明，出轨之事并非全然可为理智所控制。

最近有研究证明，如果在一方出轨之后夫妻还有意修补爱情之伤，他们的未来相对来说还是光明的。北卡罗来纳大学的学者唐纳德·保桑（Donald Bausom）和加州大学洛杉矶分校的学者安迪·克里斯滕森（Andy Christensen）曾做过一个开创性的实验。他们发现，在接受婚姻治疗之前，有过出轨经历的夫妻对自己婚姻幸福度的打分要低于其他问题缠身的伴侣。而在治疗结束后，两者的婚姻幸福度竟然相差不远，只不过仍然很低——这当然令人遗憾，但也并非全然出乎意料。至于那些常见却没有研究佐证的婚姻疗法，其长期成功率就更低了。因此，我一直坚信正确运用科学方法才是救赎之道。上述研究结果显示，曾有出轨经历的夫妻，若能接受行之有效的治疗，其婚姻修复成功的可能性应该不低于其他问题缠身的伴侣。尽管对他们来说，想重新建立起对彼此的信任简直困难至极，但希望还是存在的。

拿什么拯救婚姻

然而，**并非所有的婚姻都可以挽救，或值得挽救**。要想挽救婚姻，你首先需要诚实地面对自己，也要诚实地面对你的伴侣。如果你出轨了，请扪心自问：你是否在犹豫该不该与伴侣一拍两散？如果你确实在犹豫，就说明你很可能不具备修复婚姻的条件。如果被背叛的那个是你，你可能会对婚姻失望透顶，不管你的伴侣怎样恳求你再给他（她）一次机会。当然，如果背叛者无意与你维持婚姻，浪费口舌只会给你自己带来更大的伤害。与其如此，不如将你的全副精力投入修复情伤、开始下一段人生旅程之中。如果你是被背叛的那个伤心人，不要给自己定下恢复期限，要知道你的感情现在非常脆弱。曾经倾心信赖之人竟然背叛了你，你可能会质疑一切：你不知道你的伴侣究竟是什么人，你怀疑你们是否曾真心相爱，你甚至不知道承诺的意义何在。你很可能会不由自主地一遍遍回想，猜测伴侣出轨的原因、时间和地点；你会难以成眠，脑中不断闪回各种片段；你会深受忧郁困扰，变得神经质，感觉一切都不真实；你会感情麻木、安全感缺失、自我怀疑、焦虑不安。这些都是士兵易患的**“创伤后应激障碍”**（post-traumatic stress disorder）的症状（尽管两者所受的“创伤”不同）。格拉斯的实验证明，人们在发现伴侣出轨后，常会表现出这些症状。

KEY WORD
爱的关键词

创伤后应激障碍：是指个体经历、目睹或遭遇一个或多个涉及自身或他人的创伤事件所导致的个体延迟出现和持续存在的精神障碍。

摆脱这糟糕的境地绝非易事，而且通常需要得到经验丰富的治疗师的协助。如果在缺乏医术高超的专业人士的协助下试图自行挽回婚姻，无疑就像自己在家里做膝关节置换手术一样危险。但是在寻求专业的医疗干预之前，你需要自己确认，这段婚姻是否值得挽救。谚语虽道“一次不忠，百次不用”，但对某些曾经出轨的人（但绝非全部）来说，事情并不一定非要如此发展。那么，你怎样才能知道你的伴侣是否能在未来尊重并爱护你，与你一起渡过难关呢？他（她）是否能变得足以信赖？——或者，你们的婚姻是否总会如履薄冰？

本章接下来将为你提供一份问题清单，帮助你着手寻找答案。它会评估你的婚姻状况，给出一个“背叛指数”——这是一个较为粗略的指标，能告诉你婚姻治疗是否可能取得成效。这是我对塔巴拉斯博士收集的数据进行分析得来的结果。我采用的评估方式与她的实验方法有很多重叠之处。通过比较她的实验结果以及我对她的被试所做的信任度评估，我发现**婚姻不幸的伴侣在未来出轨的概率也比较高。**

WHAT MAKES LOVE LAST 戈特曼“未来出轨率”评估

本评估由两部分组成，要求全部完成。做问卷时，请保持诚实，不只是为对方，也是为自己。

第一部分：你欣赏他（她）的什么

我在下面这张清单里罗列了很多人格特质。请圈出所有符合你伴侣的选项，不管你是否能大声说出口。选项没有上限。就算某一条只在你伴侣身上出现过一次，也请将它圈出来。

1. 在你圈出的选项中再挑选三个打上星号。要保证你能回忆起关于这三条特质的具体事例，并且乐意与伴侣就它们进行讨论。
2. 现在，请你们告诉对方，你们打星号的这三项优点是什么。要说出能体现这些优点的具体事例，并说明你的感受。

伟大的朋友	精力充沛	会照顾人
有计划性	鼓舞人心	善于组织
积极主动	善于表达	懂得娱乐
有冒险精神	令人愉悦	脚踏实地
亲密无间	幽默风趣	开明

有运动员般的体魄	慷慨	轻松无拘
有吸引力	彬彬有礼	可信赖
漂亮	高贵优雅	节制
勇敢	亲切	足智多谋
沉稳冷静	英俊	有责任感
小心	富有想象力	内心丰富
关怀他人	智力超群	感觉敏锐
乐观积极	聪明	性感
信守承诺	滑稽有趣	坚强
谨慎	专心	考虑周全
会合作	友善	节俭
有创造性	有生气	诚实
可靠	有爱心	有男子气概
一家之主	忠贞	热情
温文尔雅	精力充沛	机智

第二部分：评估你的反应

在完成上一部分之后，请仔细回想，一起讨论的时候你们都作何反应？请阅读下列各项，标出你的反应。

SD：非常反对 D：反对 N：中立 A：赞同 SA：非常赞同

1. 我的伴侣拿我的性格打趣。 SD1 D2 N3 A4 SA5
2. 我的伴侣对我不吝赞美。 SD5 D4 N3 A2 SA1
3. 我的伴侣取笑我。 SD1 D2 N3 A4 SA5
4. 我的伴侣表现出对我的喜爱。 SD5 D4 N3 A2 SA1
5. 要找出我伴侣的优点真是太难了。 SD1 D2 N3 A4 SA5
6. 我的伴侣与我很亲近。 SD5 D4 N3 A2 SA1
7. 我的伴侣很贴心。 SD5 D4 N3 A2 SA1
8. 我的伴侣对我的优点的认识模糊不清。 SD1 D2 N3 A4 SA5
9. 和伴侣一起做这个评估让我度过了一段美好时光。 SD5 D4 N3 A2 SA1

10. 我的伴侣拿我的性格挖苦我。 SD1 D2 N3 A4 SA5

11. 在谈到我的优点时，我的伴侣能不假思索地举出例子。

SD5 D4 N3 A2 SA1

12. 我的伴侣确实在认真听我说话。 SD5 D4 N3 A2 SA1

13. 我的伴侣非常热情。 SD5 D4 N3 A2 SA1

14. 在谈到我的优点时，我的伴侣好像很难举出例子。

SD1 D2 N3 A4 SA5

15. 我的伴侣嘲笑我。 SD1 D2 N3 A4 SA5

16. 在做这次评估的时候，我们常常一起笑出来。 SD5 D4 N3 A2 SA1

17. 在谈到伴侣的优点时，我很难举出例子。 SD1 D2 N3 A4 SA5

18. 我的伴侣表现出对我的尊重。 SD5 D4 N3 A2 SA1

19. 在谈到我的优点时，我的伴侣举出了很多例子。

SD5 D4 N3 A2 SA1

20. 我的伴侣表现出对我的敬佩。 SD5 D4 N3 A2 SA1

21. 我的伴侣以嘲讽的态度模仿我。 SD1 D2 N3 A4 SA5

22. 我的伴侣以我为荣。 SD5 D4 N3 A2 SA1

23. 我的伴侣用“你总是”“你从不”这样的词来描述我的性格缺点。

SD1 D2 N3 A4 SA5

24. 我的伴侣拿我开玩笑。 SD1 D2 N3 A4 SA5

25. 做这个评估，对我来说太困难，太痛苦。 SD1 D2 N3 A4 SA5

26. 我的伴侣常常破口大骂。 SD1 D2 N3 A4 SA5

27. 我的伴侣看不起我。 SD1 D2 N3 A4 SA5

28. 我的伴侣把婚姻中的一切问题都归咎于我。 SD1 D2 N3 A4 SA5

29. 这个评估很有趣、很好玩。 SD5 D4 N3 A2 SA1

30. 我的伴侣虽然试图描述我的性格优点，但很不真诚。

SD1 D2 N3 A4 SA5

◎ **分数计算：**

1. 统计一下，你回答了几个 4 或 5？
2. 如果总数（即答案为 4 或 5 的问题数目，而不是分数之和）小于 10，你就可以放下笔了。你们的关系已经通过了“未来出轨率”测试。如果你们彼此承诺要将婚姻进行下去，你们是值得一试的。

3. 如果总数超过 15 个，用计算器把这个数字除以 30，再乘以 100，在后面写上一个百分比符号。这就是你们的“未来出轨率”。

4. 如果“未来出轨率”超过 70%，那么原谅恐非明智之举。如果低于 70%，你们还值得一试。

高分数不仅昭示了婚姻不幸，还意味着较高的未来出轨率。这个结论从何而来？本评估本应让你们产生正面的情绪。但如果一方表现出自满和不敬，那么他（她）就不大可能把另一方或者他们的婚姻放在心中首位。既然不值得信任，婚姻裂痕势必难以弥合。毕竟，将婚姻当作重中之重，对于婚姻治疗来说是至关重要的 。

寻觅良师：让伤痛痊愈

如果你通过上述评估，认为你们的婚姻还值得挽救，下一步要做的，就是去找一位在处理外遇问题方面很有经验的婚姻顾问或者治疗师了。不同的治疗师可能会使用不同的疗法。然而，以我之见，专家应该做的，是设法“取得”受背叛一方的想法和心绪，以深刻的共情之心去体会，以雄辩的口才描述出来。治疗师会精确地阐述受背叛一方的感受，让另一方能够完全明白和体谅他(她)，以此来弥合伴侣间的裂痕。

你找的治疗师可能不会和我使用一模一样的方法。但他（她）一定要足以胜任这项工作，不会对你们实行错误甚至破坏性的治疗。如果他（她）劝你们不要再谈论外遇，让过去的事情尽快过去，那你们就一定要另觅良医了。把背叛压在心底，将婚姻盲目地继续下去，这是一个糟糕透了的主意——就算外遇发生在20年前也一样。**创伤若不能得到治疗，你就永远也无法痊愈。**就好像医生在手术中发现病人体内有恶性肿瘤，却没有将之切除，而是直接缝合伤口。尽管如此，一定常有人劝你“放下过往，继续生活”——特别是提供宗教咨询的专家，比如牧师和神甫。尽管他们的意图是好的，方法却是破坏性的。

最近，我在加拿大电视台参与录制了一档节目，在节目中与我对谈的是一对夫妻。他们告诉我，避而不谈、“带着思想包袱将婚姻维持下去”的建议适得其反。下面是我们之间的一段对话。

约翰·戈特曼：请跟我讲讲，你们现在是怎么看待那次外遇的？它为什么会发生，你们现在的关系如何？

劳拉：我们见过两位牧师……

马尔科姆：他们建议我们放下一切，继续生活。外遇结束了。我回归家庭，回归婚姻。

约翰·戈特曼：他决定回到你身边。你能理解他的决定吗？

劳拉：不太能。不能。

约翰·戈特曼：你是否打算告诉她你回来的原因？

马尔科姆：好的，我会试着说说看。我爱我们的家，我爱我们的孩子，我也真的很重视你。我非常尊重你，因为你是我孩子的母亲，当然也是我的妻子。

约翰·戈特曼：这番话听起来怎样？

劳拉：听起来真是空洞无物。我就是无法相信你。我真不知道你为什么要回来。我也不知道你到底看上了她的什么。

马尔科姆：你知道，她和我仅仅是同事而已。我们只有这一个共同点。我们可以轻松地聊些工作上的事。

劳拉：我一直试图让你跟我讲讲（工作上的事），但你总是闭口不言。

马尔科姆：其实真没什么好说的。工作压力太大了。就是这样。你要照顾5个孩子，还有很多别的事要操心。

劳拉：我知道，你在过去几年里很辛苦……但你宁愿跟她说也不跟我讲。

10

出轨概率

约翰·戈特曼：我知道，你曾遇到过多次资金困难。

马尔科姆：是的。

劳拉：我也很辛苦。但我们应该一起克服困难，不是吗？

马尔科姆：你做得很好。你总是那么了不起。你把所有一切都处理得井井有条。

劳拉：那么你为什么要去找她？我看过她的照片，我比她漂亮多了。

马尔科姆：是的，她绝对没有你美。

约翰·戈特曼：（转向马尔科姆）也许你可以向她解释一下在你身上发生了什么，你看上了她什么。

马尔科姆：牧师让我们不要揭开旧伤，不要详谈。

约翰·戈特曼：但如果这么做，她永远都无法理解你为何离开，又为何回来。如果你能试着向她解释发生在你身上的事，也许情况会好一些。

马尔科姆：她非常需要我。她一点都不像你。她真的需要我……而你（能）自己搞定一切。

劳拉：我能自己搞定一切是因为我不得不如此。你总是在工作。我不向你寻求帮助，因为我知道过去那些年里你的压力实在太大。我不想增加你的负担。但我讨厌我在这些年里所承受的孤独。

约翰·戈特曼：我想起来了，（在之前的评估中）你们冲突讨论的核心是，你不想让他认为你老是“缠着”他。

马尔科姆：是的，她一直在外遇这事上揪住我不放，盘问每个细节。我不想在她的伤口上撒盐了。牧师也告诫我们，不要详谈。

约翰·戈特曼：（转向劳拉）我觉得你揪得还不够。你们两人都尽量避免发生冲突。在评估中，你们都给“孤独感”打分100%。对吗？

劳拉：对我来说，是的。

马尔科姆：我也是……很多时候，我觉得对你来说我就像一张带脉搏的支票。你一点也不需要我。很多时候，我甚至在下班后都不想回家。

劳拉：我完全不知道你是这么想的。

约翰·戈特曼：但是另一个女人……

马尔科姆：我感到她需要我。她麻烦缠身……她的生活简直糟透了。

劳拉：我也需要你。但每当我想让你对我讲讲你的感受或者工作上的事，你总会发脾气。

约翰·戈特曼：（转向马尔科姆）在你们的婚姻生活中，你总是保持沉默。你是否觉得，面对种种压力，沉默能让你坚强？

马尔科姆：我小时候，我的父母不大和彼此交谈。我们不会像其他家庭那样争吵。但也没有人说过爱我。我猜他们是爱我的……但是我也觉得，就算我离开也没人会发现。所以我也和他们一样，非常沉默。

约翰·戈特曼：在婚姻中你也是这么沉默，就像你小时候在父母家里一样。

马尔科姆：她要操心的事已经太多了，没有必要再加上我的抱怨。

约翰·戈特曼：所以你们都选择独自面对巨大的困难，保持沉默，独自承受孤单。你们不对彼此诉说你们的孤独感，这让你们更难以对抗孤独，也让马尔科姆觉得，他不被你需要。而另一个女人对他产生了强烈的吸引。所以我不得不说，你们的婚姻仍然陷于危机之中。你们同意吗？

劳拉：我同意。

马尔科姆：我也同意。

约翰·戈特曼：你们看，我觉得那些牧师的想法完全错了。有研究证明，在外遇发生之后，夫妻需要深入交谈。他们需要尽全力去了解彼此。他们需要重建亲密关系。而在这个过程中，他们也不可避免要承受极大的痛苦。

劳拉：我现在就非常痛苦。我不知道要怎么做才能让情况好转。

马尔科姆：我也不知道。

约翰·戈特曼：你们必须坚持谈论这件事。而你们这种独自承受孤单和以沉默避免冲突的想法也需要改正。但是只靠自己，你们可能无法做到这些。你们需要一位能胜任这项任务的婚姻治疗师，而不是别的什么总建议你们避免交谈的人。这个方法可行吗？

劳拉：我觉得可行，至少现在是这么觉得的。

马尔科姆：我也觉得可行。

劳拉现在明显还在因丈夫外遇而深感痛苦。他们都在婚姻中感到孤独。避而不谈显然无济于事。如果没有得到正确的干预治疗，他们的婚姻也许还能继续下去，但很可能只剩下一个空壳而已。若真如此，他们很可能会形同陌路，再也不会产生任何亲密之情。他们仍然会感到被孤立，以及深重的孤独。

原谅与遗忘：适得其反的治疗方法

"原谅和遗忘"的建议也许能算是如今最流行的错误治疗法了，但它还不是唯一的谬误。常有治疗师要求，受背叛一方在发现外遇之后不要产生什么"控制欲"。他们要抑制自己的冲动，不去询问伴侣的一举一动，也不去要求对方承担责任。这是因为这些治疗师认为，没完没了的怀疑会阻碍婚姻的修复。事实绝非如此！受背叛一方需要得到保证，他们的婚姻在未来不会酝酿出新的危机，这就意味着他们需要吃很长一段时间的强力定心丸。要想让婚姻继续下去，出轨一方必须忍受其伴侣的要求，也必须明白这是出轨引发的"创伤后应激障碍"的症状。在婚姻治疗重建起足够的信任之前，这种症状都不会消失。

下面这段对话来自参与我实验的一对夫妻。他们在很长一段时间里都存在信任危机。这位丈夫曾经在3年前出轨。现在他说，他想请他大学时的女友来家里做客。尽管这位前女友并非他3年前外遇的对象，但这主意已足以令他妻子疑惧不安了。丈夫没有报以理解，反而百般辩解——这无疑适得其反。他们的关系最终以离婚收场。

马丁：好吧。我觉得，只要我谨言慎行，你就应该信任我。我猜，你之所以会嫉妒，是因为你不够信任我。

马娅：嗯。以及恐惧。对失去宝贵事物的恐惧。

马丁：我已经跟你解释过了，我的家庭在我的生命里是第一位的。你没有必要感到恐惧。3年前我就作出决定，它不会改变。我向你保证，好吗？

马娅：你觉得我被你说服了吗？我的嫉妒消失了吗？你要知道，从那时起我就有理由嫉妒了……

马丁：哎，你看，我就不赞同你这点。这次要来的是吉莉恩（他大学时代的女友）。我讨厌你说，我这一辈子都不许再见她。

马娅：你想再见她吗？

马丁：是的。我也讨厌你不够信任我这个事实。在遇到你的前一年，我和吉莉恩就分手了。我不过是想请她来见见你和孩子们，你连这点都不信任我。

马娅：我不想让她进入我们的生活。我不想让孩子们亲近她。这么做完全没有意义。除非你是想做你几年前做过的事：你让孩子们渐渐喜欢上她，然后你……

马丁：噢，上帝啊。

马娅："再见了马娅。孩子们更喜欢她而不是你。这位是你们的新妈妈。"

马丁：没这种事。我只是想和她保持联系。只想和她聊聊以前的事。

马娅：她对我来说是个很大的威胁。如果你真的像你说的那样忠诚，你就不会这么做。你也会明白我为什么不让你这么做。

马丁：（微微一笑）你也知道，如果你说你不在意，我也不会在意。

马娅：如果我说我不在意，那我就是不诚实。现在你又说想要见她。但周六我们明明已经谈过这件事，你说你已经做了决定，不会再见她。那你当时就是在骗我。

马丁（笑着）**：**我没有骗你。就像我说的，见不见她其实没什么大不了的。但我讨厌你说不许我见她。如果你跟人说"你永远也不许——"

马娅：你知道为什么我觉得这主意很糟吗？因为我知道你太软弱。我认为你的肉体是软弱的。这对我们的婚姻没有好处。

马丁：如果你能信任我，一切就都好办了。我们的婚姻也能改善。

马娅：不，你要拒绝诱惑。你不能奔着诱惑而去。如果我想让你信任我的话，就不会做出任何威胁到你的事。我不知道你为什么不能站在我的立场上想一想。

马丁很可能确实对他的婚姻承诺坚定不移。但他过去的背叛给马娅留下了深深的创伤。出于对她的尊重，他应该小心翼翼，不做任何触动她警戒心的事。但他却和她对着干，把前女友邀请到家里来。他故意惹恼妻子，还坚持认为她应该证明自己并非嫉妒之人——但事实上他才应该拿出证据证明自己值得信任。但他真正做的事却让妻子满怀恐惧。他应该尊重妻子的感受，不能给她强加限期。

我的妻子朱莉·戈特曼博士和我一起列出了下面这些“适得其反的治疗方法”。其依据是我们对婚姻治疗的认识和婚姻治疗失败的夫妻的亲身经历。如果你的治疗师提到下列任何一条，你需要换掉他了。

- 最好不要谈论那次外遇。避免争执，等它自己沉寂。
- 夫妻双方都有错。其更隐晦（也更常见）的版本是：仔细审查你们婚姻中的心理动因，你们会发现，出轨不单是背叛一方的错，也是受背叛一方的错。
- 女性出轨比男性出轨更糟糕。
- 如果出轨不过是和妓女厮混，情况就没有那么糟。
- 在开始治疗之前，你要先原谅背叛你的人。
- 只要你们保有共同的信念，就足以渡过难关。
- 受背叛一方不该表示愤怒，因为这会赶走出轨者。
- 真正的目标是不惜一切代价挽救婚姻。
- 真正的目标应该是结束婚姻，因为外遇发生后再也不可能重建亲密关系了。
- 你并不是“真的”因外遇而愤怒。你其实是因为其他理由而感到悲伤、缺乏安全感和恐惧。
- 你把这事看得太严重了。
- “男人毕竟是男人”①，女人只能接受这一点。
- 如果受背叛一方的反应过于强烈，这里面一定有猫腻。
- 总该有个期限，到时候就该放下这件事。
- 如果外遇发生在很多年前就不算什么。
- 如果受背叛一方没有做某事，这一切都不会发生。（比如：如果她更忍让一点

① 谚语“Boys will be boys”，意为男孩就应该吵闹、调皮、无责任感。常用来讽刺成年男性。——译者注

的话，这一切都不会发生。）

- 你这种态度就是他（她）会出轨的原因。
- 外遇完全是生理和性别的差异造成的。
- 婚姻就应该只维持 4 年左右，到孩子能走路和说话为止。外遇是不可避免的。
- 一夜情不算外遇。
- 如果偷腥的那个人不爱他（她）的性伙伴，就不算真正的外遇。
- 如果他们之间只有性，就不算外遇。
- 如果他们之间没有性，就不算外遇。
- 如果他们的情感并不亲密，就不算外遇。
- 你的心理问题是你的伴侣背叛你的原因。比如说，如果你不这么嫉妒、这么有控制欲，他（她）就不会出轨。
- 网络色情聊天不算外遇。毕竟这只不过是“一点鼠标的事”，没有真的互动。
- 一夫一妻制对大多数物种来说都不合理。你还想怎么样?

就算你能避开表示出这类错误想法的治疗师，也不一定能找到一位完全符合你要求的。就算处在训练有素的治疗师的监控之下，治疗过程中也存在太多的变数。但如果你知道应该避开什么，无疑会提高治疗的成功率。在下文中，我将向你介绍我们的治疗方法。虽然你不能从中变出一位合格的专业治疗师来，但你能借此了解治疗过程，进而了解治疗应该如何进行，以及修复婚姻需要经过哪些步骤。

“信任重建”：弥补、协调、接触

实验数据是我们制定这套外遇后治疗体系的依据。我的实验结果足以证明，我在本书第 7～9 章描述的练习（以情绪协调为基础的亲密对话的艺术、“蓝图”以及事后修复法）和我之前提出的“7 个原则”一样卓有成效。[①] 它的另一个依据是我和我妻子的临床观察——她和我一起从事婚姻顾问的工作。我会用

① 让婚姻重获幸福的 7 个法则，详见戈特曼经典作品《幸福的婚姻》，该书已由湛庐文化策划出版。——编者注

“基于实践”一词来描述我们的治疗法，因为我在这方面进行的实验研究还不够完善。尽管如此，我仍然希望把我们的方法与大家分享。因为接受我们帮助的大多数夫妻都获得了长期的正面收益。（我们在最开始研究时没有设置对照组，治疗成功率达到 75%。）我们的疗法分为 3 个阶段，没有时间限制。

第 1 阶段：弥补

首先，**出轨一方要持续表现出后悔之意——而且必须直面伴侣的深刻怀疑**。只有在这之后才能重建信任。在这个阶段，出轨一方必须保持耐心，不能为自己申辩。他们要明白，外遇已经轻易地毁掉双方辛苦建立起来的“良好关系大厦”，还可能会引发应激障碍反应。受背叛一方会不断去想：这个人到底是谁？这个人的价值观是什么，道德底线在哪里？我以为我了解这个人，但我其实一点也不了解。我现在能相信什么？只有在多次证明此人值得信赖之后，深受创伤的一方才可能对其伴侣重新产生一点信任之感。

如果出轨一方坚持认为，被他（她）背叛的伴侣对外遇也有责任，那么无论他（她）做什么，都不能算作弥补。我常能听到这类控诉：“你没怎么注意我”，“你一点都不尊重我”，甚至“我们已经 6 个月没有性生活了”。出轨一方也许真有其复杂的理由。如果将罪责全部推到他（她）身上，对他（她）来说也许并不公平。但是在这一阶段，他（她）必须承担全部责任。出轨一方要听伴侣诉说痛苦，要尽力去理解。最后，他们才可能再次走到一起，重建亲密关系。如果出轨一方不能承担起所有的责任，而是为自己找借口或做辩护，这个愿景就不会实现。

与此同时，**受背叛一方也要做些努力，要给“原谅”留下一丝余地**。如果他（她）一直陷于悲伤和愤怒之中不可自拔，他们之间的问题就不大可能得到解决。如果背叛者确实在为修复关系而努力，受背叛的那个无论如何伤心，也应该表现出合作的意愿。现在你要遵守的是翻版的黄金定律，即“他人对你做了什么，你也应如是以报”。

赎罪的过程是痛苦的。但是在这一阶段结束之时，夫妻两人都会对彼此有更深的了解，会接受彼此，甚至还会萌生出宽恕和希望。这一阶段的步骤依次为：

坦白。如果没有对罪行进行彻底地剖析，就永远不可能打破不信任的迷障。只有在伴侣表现出绝对的诚实之后，受伤的一方才有可能相信这段婚姻还值得挽救。不知道真相比知道要糟糕得多。在有婚姻治疗师在场的情况下，背叛一方若被伴侣责问，必须如实作答。问题可能包括其偷腥对象（“为什么是他？”“她比我漂亮吗？”），外遇是怎么开始的，为什么会继续，以及它是怎么进行的——要描述每一次幽会的时间、地点等细节。我知道，这种全盘交代法让很多夫妻感到不安。犯错方也常想有所保留，因为他（她）不想加深对伴侣的伤害。**全盘交代确实会引发巨大的痛苦，但是这一步十分必要。**

我们曾接待过一位妻子，她从丈夫那里得知，在和情人幽会时，他会应情人的要求摘下结婚戒指。这个细节让她精神崩溃。还有一位偷腥的丈夫向妻子承认，他曾在母亲节那天与情人约会，而这位妻子对自己最主要的要求就是做一位好母亲。她的丈夫居然在母亲节那天对她表现得如此不敬，这对她造成的伤害几乎是无可弥补的。然而随着时间流逝，这两对夫妻的裂痕都逐渐弥合。其部分原因就是，妻子相信她已经知道了事情的全部。他们之间再也没有秘密，再也没有什么事能惊吓到她了。

但是全盘交代也有例外，而且这一点尤为重要。治疗师必须掌握讨论的主导权，阻止背叛者对性行为进行任何描述。如果被背叛的一方听到在卧室里发生的事，他（她）会陷入持续、反复的梦魇，这会进一步激发或加重创伤后的压力。我在治疗中获得的经验是，治疗师必须争取到受背叛一方的信任，这样他（她）才会坦然接受其建议，不去探究任何性行为的细节。

我曾有幸协助佩吉·沃恩（Peggy Vaughan）做过一项实验。这项实验证明了讨论外遇以及诚实作答在治疗过程中的重要性。她的实验共有 1 083 名被试，他们都在努力修复不忠留下的创伤。如果背叛一方同意回答问题，他们还有 86% 的概率在一起。但如果背叛一方不愿作答，他们的婚姻维持下去的可能性只有 59%。

爱的博弈论 WHAT MAKES LOVE LAST

一项涉及 1 083 名被试的研究显示，在讨论外遇时，如果背叛一方愿意回答问题，他们的婚姻还有 86% 的概率可以维持；如果背叛方不愿意，则婚姻维持下去的可能性只有 59%。

行为转变、透明和验证。仅仅做到坦白还不够。不应只对过去诚实，对现在也一样。背叛一方不应期待伴侣能接受“那已经是过去式了”之类的保证。不管他（她）重申多少次“我已经告诉过你，那已经结束了”都无效，伴侣真正需要的是证明。这意味着背叛一方必须允许曾受其欺骗的伴侣检查自己的日程表、电话记录和信用卡账单，等等。这类行为是对个人隐私的侵犯，看似很不公平，却是必需的。如果你不能长期且频繁地向伴侣提供能证明你忠贞不贰的证据，你就不能赢回他（她）的信任。

要理解“证据”在重建信任中起到何种重要作用，我们可以参考博弈论。和拉波波特一样，芝加哥大学学者罗伯特·阿克塞尔罗德（Robert Axelrod）也致力于博弈论的研究。其研究的重点是如何在销毁核武器一事上确保苏联和美国公平行事。他编写了复杂的电脑程序来模拟信任和欺骗，希望借此寻找在边缘策略已造成深刻猜忌之后谈判双方应采取的策略。他的研究结果表明，承诺、官方记录和公约不过是一纸空文，除非谈判双方能够验证彼此可以事无巨细地遵守协议，此后，双方才可能对谈判抱有信心。在冷战时期，这条策略的可能形式是，谈判各方互相检查军火库，寻找核武器已被部分摧毁或破坏的证据。**对于在不忠的痛苦中挣扎的婚姻来说，行为验证和透明必须囊括最细微之事，比如一定要按先前约好的时间回家。**背叛者必须限制一切与外遇有关的活动，切断跟任何外遇相关者的联系。换句话说，别再在半夜去图书馆、医生的办公室、酒吧、健身俱乐部，或者其他可能受到诱惑、发生外遇之地了。背叛者的动机也许是单纯合理的，比如参加派对，或者开网络研讨会。但是此时他（她）必须做出牺牲，直到和伴侣重建信任。他们还应该注意其他一些相关问题：背叛者是否把伴侣推给了家庭或朋友？是否有人处心积虑想要破坏婚姻？背叛者必须永远断绝和这些人的联系。

最难处理的情况，可能是外遇者从事的工作要求他（她）和外遇对象打交道。真要辞职不干，可能并不现实。但是他（她）必须尽可能避免和外遇对象发生接触。如果他（她）是外遇对象的上司，伴侣可能会坚决要求他（她）把外遇对象解雇，或者调动到其他部门。但这可能会引起法律上的纠纷，反而雪上加霜。

究竟是哪里出了问题？为何会发生外遇？这是夫妻双方都需要反思的问题。“我觉得很孤独”、“我做了消极对比”或者“我们在很长一段时间内关系很糟糕”……这些还远远不够。你们需要坐下来仔细谈一谈细节：背叛者为什么曾选择离开伴侣，他（她）为什么会拿伴侣和情人做消极对比，他（她）为什么会减少对婚姻的投入，他（她）为什么不再依靠婚姻来满足需求？与此相仿的问题还有：他（她）为什么对伴侣有所怨言？他（她）为什么要把自己的不幸福归咎于对方？他（她）为什么对调情来者不拒甚至加以鼓励，以致允许自己越界？

只有深入挖掘其中隐情，才能在未来杜绝外遇再次发生。但在你们一起思考种种消极因素时，背叛一方不能因此而指责他（她）的伴侣。要记住，**你们这样做的目的是弄明白这一切是怎么发生的，而不是互相责怪。**一人做事一人当。承担责任是治疗过程中必不可少的一部分。

这些治疗大多要求背叛一方了解持续弱点。在冲突中，或是滑动门时刻，究竟是什么因素刺激了他们？劳拉和马尔科姆夫妇曾经向牧师咨询，牧师让他们放下对外遇的纠结，继续生活。但我和他们的谈话足以证明，内心深处的诉求如果不能公开表达，将会招致灾难。劳拉有才能干、独立自足，这让马尔科姆觉得他不被需要，不过像是一张有脉搏的支票而已。他因此倍感孤独。他曾经认为家人间不必亲密互动，因为在他的童年时代，父母并不会表露对他的爱意，他因此觉得自己并不是那么重要，就算他失踪了，他们也不会注意。所以，当他面对滑动门时刻——妻子关心他工作压力的时候，他选择转身而去。他觉得自己并不被她需要，他也不相信她真的关心自己，所以将她拒之门外。

为何回到家庭？背叛者为何想要回来？受背叛的一方需要得到一个清晰明确的解释。他（她）究竟是受了什么驱使，回来重新经营婚姻？如果他（她）含糊其辞，伴侣就会觉得，重建信任可能并不明智，就算信任真的建立起来也不会长久。劳拉担心马尔科姆会再次背叛她，因为她不明白他当初为何要离她而去,之后又为何要回来。但在我的引导下,他终于给了她解释。问题的关键是，他渴望被人需要。这个不可言说的隐秘渴望驱使他离开妻子，走近另一个女人，因为她的生活“一团糟”，她需要他的帮助。但是现在他可以向妻子打开心扉，与妻子分享他“被需要的渴望”。现在，如果他们共同努力，他的愿望在家里就能得到满足。劳拉觉得马尔科姆的解释有道理。她因此有可能相信，他确实能浪子回头。

未来出轨的代价太高。背叛者必须接受这样一个事实：未来若有任何不忠行为，都将意味着婚姻的终结，并且毫无商量余地。他（她）不会再有第二次机会了。婚姻治疗师一般并不喜欢用“惩罚”一词。我们更常用的是著名的家庭治疗师萨尔瓦多·米纽琴（Salvador Minuchin）的说法：背叛者的“道德责任感”会促使他（她）信守承诺。照这个说法，回头浪子会迫于自己的正义感、深切的共情之心和远离“那类人”的愿望而保持对伴侣的忠诚。然而基于我的研究，我觉得最好还应该定下严厉的惩罚措施。背叛者需要知道，他们如果再次背叛会招致什么样的悲惨后果。

这个方法在社会心理学家进行的群体行为研究中取得了极大成功。文森特·布茨金斯（Vincent Buskens）曾做过一项备受瞩目的研究。他通过研究正统派犹太钻石商人间的信任关系，深入探讨了“惩罚”对背叛的遏制作用。这些商人极为信任彼此，他们可以仅凭一次握手就交易价值上百万美元的宝石。为了将信任水平维持在如此高的程度，这个关系密切的社群给任何违背规则的行为都设定了巨大的惩罚—— 一旦你有欺骗行为，你的朋友、邻居和同事都将离你而去。正如布茨金斯解释的那样，那些“不值得信任的人必须被驱逐出去，或者接受非常严厉的惩罚，这样其他人才能知道，不讲信誉只可能在极短的时间里给你带来收益”。

开始原谅。这是“赎罪”阶段的最后一步。受伤的一方接受道歉，开始逐渐原谅伴侣的过错。但这并不意味着背叛者就此免罪。在这里，“原谅”的意思是，受背叛的一方愿意与其伴侣合作，试着重新给予他（她）信任——就算未来如何尚不分明，或者本应一心赎罪的一方偶尔会犯些小错。但这些小错必须在“可以接受”的范围内，绝非旧情复燃，或者再觅新欢。所谓小错，指的是他（她）在无意之间触及了不堪回首的过去，最后令人后悔不迭。比如说，丈夫可能会给妻子送花，但这花是他从曾给情妇买花的那家店里买来的。妻子知道这一点，因为她看过信用卡账单。要诚心原谅，就要知道任何人都可能偶尔表现得不那么值得信赖。没有人是完美无缺的。背叛者曾经的所作所为确实让人不齿，但是你也要知道，他（她）正在试图做出改变。

KEY WORD
爱的关键词

囚徒困境：博弈论的非零和博弈中具代表性的例子，说明了为什么甚至在合作对双方都有利时，保持合作也是困难的。它反映出个人最佳选择并非团体最佳选择。

我们可以用博弈论来说明，“原谅”在这类情况下是如何运作的。最为人熟知的关于信任和背叛的博弈理论无疑就是所谓**“囚徒困境”**（prisoner’s dilemma）了。阿克塞尔罗德曾对囚徒困境进行过仔细研究。典型的囚徒困境是这样的：警察分别提审两名囚犯，希望他们认罪。这两名囚徒在之前约定好拒不认罪——但他们都不知道另一个人是否会信守诺言。如果两名囚犯都信守诺言、拒不认罪，他们都会被无罪释放，或者只接受很轻的刑罚。但如果其中一人出卖同伙、承认犯罪，他（她）就能成为污点证人、缩短刑期，而另一人则会延长刑期。如果他们都认了罪，两人都会进监狱。很明显，信任约定、拒不招供可为全体带来最佳利益。但要想实行这个策略，他们就要放弃个人利益，彼此信赖合作。我在表 10—1 中列出了囚徒面临的抉择。

表 10—1　囚徒面临的抉择

	达文合作 不招供	达文背叛 招供
艾丽安合作 不招供	艾丽安和达文都被立即释放	艾丽安服刑 10 年 达文减刑
艾丽安背叛 招供	达文服刑 10 年 艾丽安减刑	艾丽安和达文都服刑 8 年

大量研究发现，如果这个博弈只进行一回合，几乎没人愿意信守承诺。人们往往会选择背叛同伙（成为污点证人），因为他们不相信另一人会遵守约定。结果自然令人难堪，同时也指出了人性的弱点。阿克塞尔罗德又提出了新的问题：如果游戏重复进行，要达到最大合作次数，最佳策略是什么？他为此开发出了复杂的计算机程序模拟实验，以期找出答案。阿克塞尔罗德计算出的结果显示，使合作次数最大化的最重要影响因素在于参与者在违背约定（即背叛另一名参与者）后的行为。为了赢得另一方的信任，这名背叛者需要在此后的所有回合中坚持合作，即使另一方不愿合作也不放弃。换句话说，就算另一名囚徒招供，这名“赎罪”的囚徒也必须拒不招供。阿克塞尔罗德将此称为“悔罪”。引申到我们关心的“背叛后感情重建”上来，我们应采取的策略就很清晰了：在婚姻咨询时，背叛者既有错误之实，他（她）因而必须严格遵照治疗流程行事，努力赢回伴侣的信任，尽管其伴侣可能在一开始不为所动。而受害的一方也要有所觉悟，在那不幸的事件发生之后，如果其伴侣持续表达出悔悟和赎罪之意，希望得到宽恕，他（她）就不应一股脑儿地拒绝重建感情。也就是说，要尽量表现出大度，暂时接受伴侣的道歉。阿克塞尔罗德发现，背叛者

用1/10左右时间来道歉效果最好。但在关系重建过程中，直接照此结论行事可能并非明智之举，但它也确实能为我们提供一点意见，告诉我们应该在何时接受道歉，既往不咎。受背叛一方不应再容忍任何背叛之意露出苗头，不然他（她）很可能会再次受到同样的伤害。但他（她）有时也应表现出宽容，表现出重建关系的意愿。在这一阶段，"宽容"的含义是，如果背叛一方努力赎罪，你有时候也不必置之不理。

爱的博弈论 WHAT MAKES LOVE LAST

使合作最大化的重要因素在于参与者在违背约定之后的行为（悔罪还是拒不招供）。为了赢得另一方的信任，背叛者需要在此后的所有合作中坚持合作，即使另一方不愿合作也不放弃。

第2阶段：情绪协调

在第1阶段表现出"试探性"的宽恕后，伴侣双方就可以开始一起重建关系了。首先，他们要知道，他们过去的关系不能满足各自的需求。外遇一事不应归罪于受害的一方，但是他（她）也必须与伴侣合作，一起构建新的亲密关系。

要想达成这个富有挑战性的目标，伴侣双方就要互相理解，正如我在本书第7~9章描述的那样。**深感被伴侣理解并理解伴侣，是防止外遇的终极法宝。**要让伴侣知道自己内心深处的悲伤、黑暗和脆弱确实需要勇气，特别是对于那些来自不善表达的家庭的人来说，更是一件不能忍受甚至会倍感羞愧的事。但是如果伴侣明白你的脆弱，你们双方就不会再感到孤独或可有可无——这可是外遇的两大背景条件。

伴侣双方也必须重新学会控制冲突，防止冲突冲昏头脑，将他们越推越远。出于这个考虑，我会在治疗中指导伴侣使用戈特曼－拉波波特蓝图和事后修复法。关于这两项练习的详细内容，我已在第9章中进行了阐述，在此不再赘述。但要注意，进行这两个练习的过程可能会异常紧张激烈，这就要求治疗师能够坦然面对强烈感情的冲击，并且和接受治疗的伴侣双方都能建立起稳固的信任关系。这些练习的目的是帮助伴侣们打下坚实的信任之基，拿到“值得信赖”的准入券。背叛一方更要将婚姻置于首位。伴侣二人不仅要彼此承诺、重建关系，还要将他们的“最新协定”告知他人。他们要告知亲近之人（比如孩子、丈夫 / 妻子的兄弟姐妹以及亲密的朋友），他们已再次对彼此承诺忠诚，并正在努力重建信任。将情况告知外人有助于关系的“真正”重建，也能从亲近之人处获得支持。

第 3 阶段：接触

目前为止，我还没有提到性爱——通常来说，这是外遇发生后人们感到最难面对的问题。外遇之后，受背叛一方往往不想再和背叛者共赴云雨、分享肉体的亲密。他们背负了太多恐惧、愤怒和伤害。但如果他们还打算将婚姻继续下去，仅仅完成“宽恕”并不够，他们还必须重新回到卧室。如果他们不能享受性爱的愉悦，就不能算是真正地重新建立起亲密关系。

在长期亲密关系中，性爱代表着一种健康的相互依赖，可以满足伴侣双方对亲密的诉求。这种联系能有力阻止外来诱惑。过上愉悦而有意义的性生活的基础，是对我在第 7 章里描述的那类亲密性对话的严格执行。而现在，你可以将性爱作为谈论的主题。

用性来交流爱意不只对外遇后重建感情的伴侣有益，对于从其他所有类型的背叛中艰难复苏的感情而言，也同样至关重要。

WHAT MAKES LOVE LAST

11 距离与美的谬误

|婚姻中的性爱地图|

HOW TO BUILD TRUST
AND
AVOID BETRAYAL

她： 你觉得我们有进步吗？

他： 嗯，当然，当然有进步。但是还不够好。

她： 你不满意？

他： 我当然满意。但是我们还有很多方面可以改进。

她： 嗯，但至少我们不像保罗和莉莉那样。

他： 我从没觉得我们像他们一样。我不知道保罗怎么能忍受她。

她： 保罗自己也不怎么样，我可以告诉你。

他： 我知道。我不知道他们怎么能忍受彼此。

她： 所以，我们还好？

他： 当然，我们还好。但我们还能有更大的进步吧？

如果你不知道我们这一章的主题是固定关系下的性爱，你可能看不出上面这段对话里的伴侣其实是在兜着圈子谈论性生活。你可能会以为他们谈论的是吵架时的态度，或是组织派对的能力，或是网球双打的技术。我们能从这段话里明确看出的只是他们自认为在“这件事”上比保罗和莉莉做得要好。

11
距离与美的谬误

在许多次实验中，我邀请伴侣谈论他们的性生活。上面这段对话逐字摘自我的观察记录。它可谓典型。在很多伴侣看来，直接谈论性生活会让大家陷入十分难堪的境地（在美国，我发现非洲、盎格鲁和欧洲裔的伴侣尤其如此）。人们或是不知道该如何开口，或是需要把自己灌醉来壮胆。难以将性爱诉诸语言，其问题的核心是本人深感羞耻，或害怕遭到拒绝。也许是因为对性欲感到难堪，或对自己的床上功夫感到忧虑，你无法对伴侣吐露内心深处的秘密。但是对于伴侣，特别是在经历外遇之害后艰难修复关系的伴侣来说，坦诚谈论性爱和性欲对构建深刻、恩爱、充满激情的伴侣关系极为重要。

距离产生美？

然而并非所有爱情专家都同意我的说法，认为感情培养和性生活和谐相辅相成。很多人坚持认为，在“爱”与“热恋”之间有一条清晰的界线：前者是关于情感和信任的，后者则是关于性、激情和浪漫的。也有治疗师声称，要想享受最棒的性爱，就不能和伴侣保持太亲密的感情。这个说法现在虽已不大多见，但在历史上却风行一时。在欧洲中世纪，婚姻是“纯经济意义上的”男女结合——其目的是为了生育后代。因此，当时的婚姻只依托于忠诚和承诺，而不是浪漫的爱情——在当时的人们看来，爱情实在是太靠不住了。事实上，中世纪的木偶剧（当时一种常见的娱乐表演）就常常扮演和嘲弄那些满怀激情、深爱妻子的“愚蠢”丈夫。人们甚至还发明出一个形容词来描述这类不可理喻的男人，“uxorious”（溺爱妻子的）。我总觉得这个词听起来就像疾病或者“商业诈骗”之类的嘲讽。

你会发现，很多当代性爱专家仍旧秉持这一观念。其中最有名的也许要数埃丝特·佩瑞尔（Esther Perel）了。她是一名婚姻和家庭治疗师，因著有《围城内的欢爱》（*Mating in Captivity*）一书而备受关注。她在书中写到，对很多人来说，保持性关系之长久而亲密的秘诀在于保持双方感情上的疏远。她建议伴侣应尽量避免搂抱之类的亲密接触，因为这类接触会让爱恋与性欲混为一谈。在她看来，保持神秘感可以避免性爱的单调。一旦女人穿上肥大的睡袍，激情就烟消云散了。

我并不反对这样的说法：也许对于一部分人来说，和伴侣保持距离能够让性爱更加诱人。但大多数伴侣追求的并不是什么“陌生的性爱”，他们想拥有的不单是充满激情的性生活，还有亲密无间的感情——而且，他们想和同一个人共享这两种愉悦。诚然，和伴侣保持某种距离对你们的关系颇有益处。你可能不想和伴侣分享太多你个人的东西，比如你的兴趣、朋友和观点。但为了获得更高质量的性生活，你需要与伴侣分享。轻解罗裳也许能为你开启一个浪漫之夜，掀开你内心的遮蔽却能让激情延续数年之久——而你为此做出的努力，也非轻解罗裳这种小伎俩可以相提并论。

佩瑞尔主张的“陌生的性爱”，说得极端一点，可以与伟大的心理学家维克多·弗兰克尔（Victor Frankl）所谓的“色情读物”相提并论。这类性活动产生的原因不是对伴侣的爱情和欣赏，而是某个“开关”——比如性感丰满的乳房、坚如磐石的腹肌或者某种特别的香气。因陌生性爱而兴奋的人们广泛分布于世界各地，数不胜数，否则就不会有 5 亿美元的色情产业和大量色情读物的存在，而妓女也不可能成为人类最古老的职业了。恋物、捆绑和虐恋更不可能存在。

身为科学家，我不打算对喜欢陌生性爱的人做任何评论。但我的研究结果告诉我，**在长期的婚恋关系中，情感上的疏远不能促进任何类型的性爱，它的作用恰恰相反。**我曾对很多新婚夫妻进行了长达数年的追踪调查，结果无不指向这一结论。在有了孩子后，夫妻不得不开始疏远。一旦生活变成一张没完没了的“待做事项表”，你就很难找到时间和伴侣进行哪怕是最仓促而简短的互动。新妈妈总会把她的全部注意力转移到孩子身上，而新爸爸则会花更多时间埋头工作。想要保持距离简直太容易了。

在追踪研究进行到第 3 年时，夫妻间的疏远已变得非常明显。这一次，我们没有像之前常做的那样，将参与实验的夫妻请回爱情实验室，我们的研究团队直接在被试家里架设起摄像机等设备。我们一如既往地让他们谈论彼此和婚姻，在旁边观察他们的言谈、肢体语言和生理反应。数据显示，在已有孩子的家庭里，只有 33% 的人对他们的性生活感到满意。而这 33% 的人群又有一个区别于他人的共同点：他们能抽出时间来进行深入的交谈，而不是简单争论该谁来清空尿布桶。我并不认为这是巧合。**能让这些伴侣对性生活感到满意的原因不是保持距离，而是尽量缩短距离。**我的两个随机临床研究证实了这个结论：新为人父母者如果能找出时间来和伴侣进行情感交流，就能享受更频繁的性爱。那幸运的 33% 常常互相拥抱、爱抚或做出其他亲昵举动，正与佩瑞尔的建议背道而驰。他们甚至还能穿着肥大的睡袍做爱而不感到乏味无聊。有些人也喜欢玩点花样，比如假装他们只是陌生人，在酒吧里互相搭讪。但这些小花样与陌生性爱绝不相同，它们是只存在于极为亲密的两人之间的情趣。

爱的博弈论 WHAT MAKES LOVE LAST

研究数据显示，在已有孩子的家庭里，只有 33% 的人对性生活感到满意。能让这些伴侣感到满意的原因，不是保持距离，而是尽量缩短距离，常常相互拥抱、爱抚或做出其他亲昵的举动。

我不是唯一发现这一点的人。已故治疗师伯尼·吉柏葛德（Bernie Zilbergeld）曾研究过 100 对年龄在 45 岁以上的伴侣，以期找到某种能让激情不随年龄增长而消退的性爱秘技。参与他实验的一半被试都报告说，他们对自己的性生活感到非常满意。另一半则并非如此。出乎吉柏葛德意料的是，他的发现颠覆了自己的初衷：性爱技巧并不重要。那么这两组人之间的差别究竟何在？**对性生活满意的伴侣不仅有着更为亲密的友谊，而且会优先对待性爱。**

爱情和激情

人们认为，热恋——爱情和承诺的混合物——无法用语言描述。但事实并非如此。我曾在前面几章中介绍了鲁斯布尔特和格拉斯的研究。结合她们的研究，我认为我们可以明确写出爱情的科学定义。我们知道，珍视伴侣（正如积极对比所提倡的那样），能有效地阻止婚姻滑向出轨的深渊。因此，我将“爱情”定义为“双方都有意培养和鼓励珍惜彼此，认为对方独一无二、不可替代的思想和行为的状态”。而将“激情”定义为“你对伴侣产生的一种强烈并很可能无法抗拒的迷恋，包括欲望、好奇和性吸引”。如果你能同时拥有两者，将爱情和激情结合起来，就能得到“陌生的性爱”的对立物——亲密无间的信任。

这让我想起传奇演员保罗·纽曼（Paul Newman）的一句名言。当时，他被人问及是否曾想过背叛他一生的挚爱，女演员乔安娜·伍德沃德（Joanne Woodward），他是这样回答的：“家里放着牛排，我为什么还要到外面去买汉堡呢？”他还说过另一句名言,不过较少为人引用。当时脱口秀主持人大卫·莱特曼（David Letterman）问纽曼，他是否打算接受某个百老汇的角色。他回答说他很可能会接受，因为他的妻子主张如此。莱特曼问他是否总是按妻子的要求去做，他答道：“大多数时候是这样。我不知道那个女人给我下了什么迷药。”若一个男人真正珍惜他的伴侣，他很可能会开这类玩笑。这番诙谐幽默的谈话反映出的是他对她的尊重和敬佩，还有，他心甘情愿接受她的影响。

性生活：可以坦诚对待

爱情与欲望的关系既然如此密切，为什么还有如此多异性恋伴侣对此感到难以启齿，无法谈论性爱的愉悦？为什么发生在床上的事只能停留在床上，不能经由讨论和回顾而得到质的提升？对谈论性爱感到难堪是我们文化的产物。我们刻意区别性爱和婚姻，就好像建立长期恋爱关系和提升性生活满意度是毫不相关的两回事。你可以在书店和购书网站清楚地看到这种区分：他们总把性爱指南放在一个独立的书架上或者网页里，与恋爱指南区分开来。书籍通常也照此分类。大多数提供恋爱和婚姻指导的书籍在谈到性爱时仅仅点到为止。而那些谈论性爱愉悦的书籍也很少涉及夫妻生活的其他方面。

而我就要打破传统，在此坦诚、详细地谈论性爱。性爱的行动部分并不复杂。阴茎、阴蒂和阴道，它们基本上可以说是人体内最简单的器官了——其解剖结构可比心脏和肾脏等等简单得多！高潮也算是一种相对简单的生理反应：充血、勃起、湿润、快感——这差不多就是全部过程了。性爱真正的难处在于它需要双方进行交流。但不同的人有不同的性欲激发点。如果伴侣双方不能自在地谈论性欲，他们就很可能无法满足彼此的需要。

有研究指出，伴侣的幸福度与他们是否以支持的态度经常性地谈论这个令人尴尬的话题密切相关。至少是在异性结合中，女性的满足感尤为重要。曾有研究指出，**能和丈夫分享性爱感受的女性对性爱感到满意的可能性是其他女性的 5 倍**。为什么语言交流对女性来说如此重要？我认为有两个原因。第一个是生理原因。男性可能不需要伴侣做什么就能轻易达到性高潮。一般来说，他们很容易就能唤起性欲，几乎没有任何困难就能达到高潮。对男性来说，通常只要性交就可以达到。但根据先驱研究者雪儿·海蒂（Shere Hite）的报告来看，70% 的女性不能通过性交达到高潮。① 她们达到高潮需要额外的辅助，比如口交和抚摸外阴。另外女性和男性不同，她们不大将达到高潮视为性爱的唯一目的。关于女性性爱反应的研究发现，**女性认为性爱的快感在于亲密接触，而非高潮本身**。但并非所有男人都知道这一点。

爱的博弈论 WHAT MAKES LOVE LAST

有研究指出，能和丈夫分享性爱感受的女性，对性生活感到满意的可能性是其他女性的 5 倍。

还有研究发现，因无法和伴侣分享性爱感觉而对性爱感到不适的女性要远

① 顺带一提，《海蒂性学报告》（*The Hite Report: A Nationwide Study of Female Sexuality*）一书出版于 1976 年。直到现在，它仍然是最畅销的性爱书籍，共售出 4 800 万册。

远多于男性。我曾邀请许多夫妻来到我的实验室，填写关于性爱的调查问卷。其中绝大多数人——无论男性还是女性——都同意如下说法："大多数女性只有在感情非常亲密之后才想要上床。但是对大多数男性来说，性才是一种让两人变得更加亲密的方式。"一个经典的例子足以说明这个差异，就是吵架之后男女对比鲜明的"和解"方式。通常男性会以上床来和解。但是女性不愿上床，除非他们已经和解。正因为存在这种差异，女性更渴望在表达性需求时得到伴侣的支持。如果这时男性对此置若罔闻或表现出抵触情绪，他们的关系就会遇到麻烦。

那么我们要怎样才能更坦诚地谈论性爱呢？这就要用到亲密交流的技巧，以及本书介绍的戈特曼–拉波波特蓝图（详见第9章）。我和妻子曾开设过两日课程，向夫妻传授这些方法。我们有些学生新婚未久，还有些学生则是中年伴侣，已经历过长期的婚姻，但在性生活上停滞不前，比如谢里和亨特夫妇。亨特希望妻子能更多地接受他的求欢。谢里则抱怨他对她的需求不够敏感。在课程将结束的时候，我在实验室里用摄像机录下了他们的一次谈话，这是他们第一次使用新方法进行交谈。值得注意的是，他们的对话和我们平时在家里的谈话相当不同。他们当时面对着摄像机，使用的谈话技巧也都是刚刚习得的。他们口齿清晰，甚至有些刻意。而大多数人在谈论这个话题时（即使是在婚姻治疗中）都支支吾吾，直到他们弄清他们想要什么。但一旦伴侣决意向彼此敞开心胸，吐露真言就不是那么困难了。

亨特：好吧，摄像机的灯亮了……我先说吧，因为我是这里抱怨最多的。我是怎么想的呢？我觉得我们应该给性生活加点料。它变得越来越无趣了，而且也更频繁了。有时我会对你非常渴求。

谢里：这就像是那个关于老房子的老笑话。食物糟透了，分量也太少。（大笑）

亨特：并不糟糕，我从没这么说过。只是一直是一样的，你不觉得吗？

谢里：我觉得怎么样似乎无关紧要。（露出愤怒的表情）

亨利：啊？

11

距离与美的谬误

谢里：我已经告诉过你我想要什么了。但你看起来根本没在听。

亨特：好啦，不要发这么大火。好吧，这就是他们在上课时说的，要接收信息。是的，我是没注意听。但现在我知道了，这么做不对。好吧，那让我来弥补一下。你能再告诉我一次你想要什么吗？

谢里：大多数时候，虽然并不经常，我需要先感觉到情感上的亲密才有心情上床。我已经说了一遍又一遍了。

亨特：但你这样说我不知道你的意思是什么，我该怎么做。我怎么才能让你感觉到亲密？这不是你应该做的事吗？我搞不清楚了。

谢里：不，这一点都不复杂。你只需要跟我说话，听我说话，抱着我。只需要吻我。只是这种事。

亨特：听你说什么？你要谈什么话题才能感觉到亲密？不……我不是在说笑。我是真的在问你。

谢里：不是什么特别的话题，只是聊聊。

亨特：只是聊聊。好吧，我就是搞不明白这点。我们怎么才能只是聊聊却什么都不谈？没有话题，有什么可聊的？

谢里：好啦，我会教你的。你说："亲爱的，最近过得怎么样？"

亨特：行，这些没问题。然后呢？

谢里：然后我会说，还好，但是今天很累。

亨特：然后我说（微笑），"太糟了。我提议，咱们来大干一场？"

谢里：（微笑）不对。然后你应该说："这太糟糕了。今天发生了什么事，亲爱的？"然后我会告诉你今天发生了什么。你要耐心地倾听。你要贴心，要表现出理解。然后你问我，你能不能搂着我。然后我说，那样就太好了。然后你搂着我。然后你会看我是不是回应你。然后我们开始接吻，然后你轻轻爱抚我，而我也回应你，诸如此类。到了那时，你再问我想不想大干一场。（大笑）

亨特：（大笑）好吧，听起来不错。但有时我刚靠近你，你就说不。我经常听你这么说。

谢里：你想做爱的时候，我经常说的是"我不知道我是不是想要"。

亨特：那不就是“不”吗？在我听来就是“不”。

谢里：不是这样的。“我不知道”，是说我还不确定，但你可以来说服我。我是可以被引诱的，虽然我在这一刻还不打算做爱。但你是，你问我的时候，通常都已经硬了，随时准备插入。

亨特：别生气。没错，我通常都准备好了。但我要怎么才能引诱你？

谢里：你可以问我，我想怎么样？

亨特：真的吗？你会告诉我？

谢里：当然，我会。这不是什么游戏，直接问我就行了。我说过好多次了。

亨特：问你，真的可以吗？这就算引诱？

谢里：你问我，这就是个好的开始。是的，这是可以引诱我的。比如说，有时我想先泡个热水澡放松一下，或者和你一起沐浴，给彼此打满肥皂，或者亲吻，或者依偎在一起聊一会儿。我的答案会变化，依照……我不知道依照什么变化。它是会变的。比如我也可能会让你抚摸我的后背。

亨特：好的。我之前没想过这种事。我可以问你。我要写下来。还有吗？

谢里：你要写下来？真有趣。你也不要因为我最后还是不想上床而灰心丧气。我不是要拒绝你。我喜欢亲密。有时就算我不想上床而你想，我们也可以做爱。我们可能会需要润滑剂。但这就像是我给你的礼物。

亨特：但我也想让你达到高潮。

谢里：这事就留给我操心吧。不要刻意要求。我不一定非要达到高潮。

亨特：但我是。

谢里：我知道。

亨特：抱歉。

谢里：这没什么。你是个男人。我怎样才能表示拒绝，又不伤你心？

亨特：你可以说我对你有致命的吸引力，但现在你没有力气或者心情。

谢里：我可以这么说，为了你的自尊。

亨特：脆弱的男人的自尊。

谢里：这倒是真的。但是你还说“性爱无聊”，这部分怎么讲？

亨特：我有些性幻想。

11

距离与美的谬误

谢里：是什么？

亨特：我不能现在当着外人的面说出来。我们现在可是在实验室里，在摄像机前，我耳朵上还挂着连接线呢。那真是特别私密的事。

谢里：好的，我明白。但你能在我们两人独处的时候告诉我吗？

亨特：我会试试看。如果你不觉得它们太奇怪的话。

谢里：不，我不会的。

亨特：你很可能会。

谢里：好吧。如果它们让我性趣全无，我会告诉你的。

亨特：我现在可以在摄像机面前告诉你一个不是那么奇怪的。当你穿上情趣内衣的时候，我觉得你性感极了，因为就好像是你在引诱我。你变成主动方了。我很希望你有时变成那样。

谢里：好的，我可以做到这个。给你惊喜？

亨特：我们可以把这个放在约会之后。那时你会觉得和我更亲密。

谢里：看，这正是我想要的。花点时间，培养情绪。

亨特：晚餐和电影？

谢里：没问题。

亨特：然后我们回家，然后……

谢里：问我想怎么样。

亨特：你穿上那件红色性感内衣，然后我问你你想怎么样？

谢里：正是。

亨特：我能做到。（大笑）

敞开心扉，再加上一点幽默，亨特和谢里终于把他们在性爱方面对彼此的想法说得明明白白。谢里感到她的丈夫终于能明白她的心意了。在那次谈话之前，她完全不知道他竟然不明白她所谓“跟我聊聊”是什么意思。而他则热情满满地认为，谢里会和他一起努力让他们的性生活锦上添花，只要他们能照着她的想法放慢速度，渐入佳境。

要像谢里和亨特这样坐下来讨论情趣差异和性欲，需要鼓起很大的勇气。下面我将会为你提供一份问卷。它和我在上课时使用的那份很像。填写这份问卷会是一个好的开始。

WHAT MAKES LOVE LAST 评估婚姻中的性爱、爱情和激情

请独自完成这份问卷。为每道题目选择“是”或“否”，并在下方详细写下你的解释，以备后续讨论之用。比方说，如果你觉得第一句是正确的——即你感到婚姻中激情正在消退——你可以写下解释：“我们以前每隔一晚都要做爱。但现在我们两周才做一次。”

1. 我们的婚姻中激情渐消，热情不再。 是 / 否
2. 我的伴侣现在已不常对我表现出爱意、尊重和欣赏。 是 / 否
3. 我们很少爱抚彼此。 是 / 否
4. 我们很少有温情脉脉或激情澎湃的时刻。 是 / 否
5. 我们的性生活绝对存在问题。 是 / 否
6. 性生活的频率就是个问题。 是 / 否
7. 性生活给我带来的满足感很成问题。 是 / 否
8. 要我们谈论性或与之相关的事非常困难。 是 / 否
9. 我们几乎从不拥抱依偎。 是 / 否
10. 我们在性爱方面非常不同。 是 / 否
11. 我的伴侣不知道怎么激发我的性欲。 是 / 否
12. 我们的性需求不同，这是个麻烦。 是 / 否
13. 我们做爱时，爱的成分不足。 是 / 否
14. 我不知道我的伴侣对性爱的满足感如何。 是 / 否
15. 从我伴侣的表现来看，他（她）不认为我有性吸引力。 是 / 否
16. 我通常不向伴侣求欢。 是 / 否
17. 我的伴侣不因有我在旁而感到高兴。 是 / 否
18. 我不喜欢我们求欢的方式。 是 / 否
19. 如果我拒绝做爱，我的伴侣不会同意。 是 / 否
20. 似乎我总是在不想做爱的时候被迫做爱。 是 / 否

21. 我们几乎没有什么办法能满足彼此的性需求。 是 / 否

22. 就算我告诉我的伴侣我喜欢在做爱时被怎样抚摸，他（她）也不听或不记得了。 是 / 否

◎ **分数计算：**

数出你共选了几个“否”。用计算器将这个数目除以 22，乘以 100。结果就是你的“性生活满意度”了。

◎ **高于 80%**

你们的关系中不乏感情、性爱、爱情和激情。请继续进行本章接下来的练习，并且要特别留意“爱情地图”部分，它可以帮助你们保持性爱的愉悦。

◎ **50%～80%**

你们面临许多性爱问题。请借助本章随后列出的步骤扭转颓势，开始与伴侣进行正面交流。

◎ **低于 50%**

摆在你们面前的性爱问题相当严峻，可能会削弱你们的感情。接下来的练习将会帮助你们理解并支持另一方的性需求。如果能够照做，一定会提高你们的亲密度。

现在你已经知道你的“性生活满意度”是多少了。接下来就到了敞开心扉，和伴侣谈论你们对性生活的期望的时候。不如由你开始。（总得有人先说。）

1. **大声朗读几条你写下的“解释”。**先从标记为“否”的开始，让讨论在积极的氛围中启动。

2. **你们的意见一致吗？**

3. **就意见不同的地方展开讨论。**轮流倾听对方意见。要留心对方关于感

觉和需求的描述。在表达你对伴侣的期望时，语气要表现出期待而不是批评。（与其说“我一直叫你……但你就是不这么做”，不如说“我很喜欢你……如果你能更……就最好了”。）有时伴侣会感到十分惊讶，因为你的欲望与他们所想的完全不同。不要因为你的伴侣说的话而感到恼火、受伤或被指责。本练习的宗旨就是让你们说出心里的话。如果你们中有谁感到难以控制情绪，就要明确表达出来，让对方知道。试着用上前几章提到的修复术。如果这样还不足以平复情绪，就暂时中断谈话，休息一下。借助戈特曼－拉波波特蓝图来评估一下刚刚的冲突。等你们准备好了再继续讨论。你们甚至可能需要一整天来平复心绪。

4. **谈一谈最让你们感到性欲高涨的事是什么。**用本书第 163 页的“性爱地图”来引导谈话。你不必一次说出所有的事，也不必因记录你伴侣的性趣而感到难堪。要处理这类新信息不是那么容易的，逐条记录下来会对你今后做研究有益。

5. **如果你想改变现在做爱的方式，不要想着毕其功于一役。**先拿出你们打算尝试的一点来讨论，比如互相按摩或者采用新的体位。在做到这点之后，可以慢慢尝试新变化。

6. **定期讨论你们的性生活进展，就像开家庭联席会议。**向彼此汇报，本周的性生活中有什么让你感到特别满意，你们取得了怎样的进展。

7. **到我们的网站 Gottsex.com 看看还有什么性爱好点子。**

下面我将为你提供一些展开谈话的建议。

开发挑逗程序以及拒绝程序

对于很多异性伴侣来说，在开始做爱之前如果能有一套固定的程序，或称仪式，就能保证性爱的效果。著名的性爱治疗师朗妮·巴巴克（Lonnie Barbach）建议伴侣将性欲划分为 1 至 9 级，以此进行交流。其中 1 级表示“还是算了”，5 级表示“我也许能被你说服”，9 级表示“好哇，当然”。一个人可以说：“现在，亲爱的，我到 8 或 9 了。”另一个可以说：“这样啊，我现在是 5。不如我们先接吻，看看会怎么样？”如果用巴巴克介绍的这个方法来表达拒绝，就不会有人身攻击之嫌了。治疗师米歇尔·维纳－戴维斯（Michele Weiner-Davis）也指出，在男人看来，需要先有性欲，而后才有性和亲密接触；但对很多女性来说，性欲在亲密接触之后才会到来。

非言语形式的性爱前奏也同样有效——只要你们都清楚这是什么意思。有些人发出的求欢信号是爱抚伴侣的后背，有些人则是亲吻，或者按摩伴侣的脚。我曾经在实验室里接待过一对夫妻，他们有一对装饰精美的陶瓷娃娃，一个是女孩，一个是男孩。如果他要求欢，就会将男孩倒置。如果她想做爱，就会将女孩倒置。

画出性爱地图

对于想要坦言性爱的伴侣来说，最大的困难或许是找不到恰当的语言来表达：你想要什么，你要怎么做才能给伴侣带来最大的性快感。解决之道是为每个人做一张描绘性欲的“性爱地图”。我在下面将会为你提供一张详细的问题清单，供你在性爱谈话中使用。你可以在这份清单里选择几项进行。你不必一字不差地照本宣科。我希望这些问题能为你指明道路，让你了解该如何去处理这样一个让很多伴侣倍感难堪的话题。

这份清单请你随意使用，无论是以何种方式，只要你觉得轻松、舒服就好。当然，最好还是能从最不容易惹恼对方的问题问起。在你感到驾轻就熟之后，可以转到更难一些的问题上。有些伴侣喜欢在他们最想问或被问的问题下画线，或者打个星号，尽管他们可能还需要做很多努力才能最终问出或者回答出这样的问题。但无论如何都不要随意批评伴侣。在伴侣就某个让你感到不舒服的话题向你吐露心迹时，要表现出感谢和理解。就算你们只能作部分讨论也是不错的。任何关于性爱、出自真诚的谈话都很可能会让你们的性生活变得更好，也同样会增进你们的亲密度。

说明

下列这些问题并不能涵盖所有事物的方方面面，它只是一些简单的例子，告诉你该如何与伴侣进行此类谈话，增进亲密之情。

关于感觉和亲密

- 很多人说，他们性生活的质量好坏在于感觉。你是这样觉得的吗？你想让我做些什么吗？
- 老话说，一个人需要做爱才能感到亲密。另一个人却要先感到足够亲密才想做爱。你觉得我们是不是这样？这会成为我们的麻烦吗？如果真是这样，我们该怎么做？
- 有时一个人可能记不住另一个人在性方面的偏好。有没有什么你喜欢的爱抚方式是我忘记了的？你能给我再上一课吗？
- 我要怎样做才能让你觉得我们的性生活浪漫而富有激情？
- 你想不想让我们的性生活更像“做爱”？我们可以做些什么？
- 你能想到的我们最好、最浪漫的性爱是哪次？我们怎么才能做得更好？
- 你能感到我在向你求欢吗？或者我们之间的性爱激情不再？有什么是我们可以改进的吗？

关于性欲

- 你觉得我们对性的渴望差不多吗？还是你觉得你的欲望比我的要强烈抑或相反？你会把这种差异看作我们之间的麻烦吗？
- 你觉得我能否看出你是否有欲望？我有没有漏掉你的某些信号？
- 如果我们其中一个想要做爱而另一个却不想，我们该怎么办？有没有什么好的提议？

- 你是否曾因为我想做爱但你不想而倍感压力？如果真是这样，我们怎样才能防止这种情况再次出现？我们能否约定某种程序或暗号，让对方知道我们有欲望（或者没有）？
- 如果是我先行动，你通常会是什么感觉？如果换成你先行动，感觉上会有什么不同吗？

关于身体

- 你对身体的哪个部分最满意？
- 你对身体的哪个部分最不满意？这种感觉会不会影响你做爱的心情？有什么方法能让你感觉更好？有没有什么是我能为你做的，或者是我不能做的？
- 跟我说实话，有没有什么我做得不好的地方，让你对自己的身体感到不满？我要怎么改进才好？
- 你喜欢我身体的哪个部分？

关于爱抚

- 一首老歌唱道，要用“温柔的手”爱抚情人。你也这么觉得吗？你想让我怎样抚摸？
- 你最喜欢哪种前奏？哪种没有用？哪部分需要改进？
- 有人说，他们的伴侣不知道应该爱抚他们的敏感部位。你觉得我们也有这种问题吗？
- 你喜欢怎样的爱抚？
- 不知道我这样问你有没有用：“你想要什么，需要什么？”

询问女性的：

- 有些女人说，她们不能要求伴侣做与性爱无关的身体接触，比如依偎、拥抱和爱抚。你觉得呢？
- 很多女人说，她们希望男人不要总想着爱抚之后就是做爱。她们希望有点变化，也希望更加坦诚。我们也是这样吗？
- 如果我用手刺激你的阴蒂，你感觉怎样？这能激起你的性欲吗？有什么可以改善的方法吗？

- 如果我抚摸你的阴蒂，你觉得怎样?
- 指交对你来说，是不是和抚摸阴蒂一样好?
- 你是不是因为感到难以启齿，所以没有要求我抚摸阴蒂? 如果是这样，我能做点什么吗?

询问男性的:

- 很多男人说，他们希望伴侣能更关注他们的阴茎。你也这样认为吗?
- 如果我做些手活，你感觉怎么样? 会激起你的性欲吗? 有什么需要改进的?
- 如果我轻抚你的阴茎，你觉得怎么样?

关于高潮

- 在做爱时达到高潮对你来说有多重要?
- 达到高潮时，你会不会有负罪感或羞耻感?
- 你会不会因为有高潮而倍感压力? 这压力是否来自我或社会?
- 如果你达不到高潮，会不会觉得会被我责怪?
- 你会不会因为我达到高潮但你没有而觉得我背叛你了?
- 你会不会担心高潮来得太慢或者太快，不能和我同步?
- 你会不会因为自己高潮到来时的表现而感到难堪?
- 你是不是在高潮过后会变得非常脆弱，不想再发生任何接触?

询问女性的:

- 有些女人说她们没有高潮。你呢? 如果真是这样，你怎么看这件事? 你想让我做什么吗?
- 在“你觉得自己有多少女人味”和“是否有高潮”之间有没有什么关系?
- 很多女人说，她们讨厌丈夫的这种想法: 所有的性接触都能引发高潮。你也这样认为吗?
- 假高潮呢? 你有没有假装过? 也许是为了照顾我的感受?
- 在你第一次高潮之后通常会不会再来第二次? 我该做些什么才能帮助你达到第二次高潮?
- 我能看出你什么时候达到高潮吗?
- 你是否常有多重高潮?

- 如果在经期高潮，是否会感觉不适？

询问男性的：

- 勃起时是什么感觉？被需要？被渴望？被爱？刻不容缓？

关于性交

询问女性的：

- 插入时感觉怎样？
- 有些女人不想在经期做爱。你也这么想吗？
- 有些女人觉得性爱不该只是插入。你也是这么想吗？
- 在和我做爱的时候，你是否总想达到高潮？我能做什么来帮助你吗？你是否也想达到多重高潮？为什么（或为什么不）呢？
- 你是否因为想和我在同一时间达到高潮而倍感压力？我能做些什么吗？
- 你是否使用过振动棒或假阳具？感觉如何？你想尝试什么新花样吗？

让性爱更富激情

如果你觉得向伴侣坦言性需求已不是难事，下一步要做的是让性生活更有激情。你可能会用到下面这些建议。选出几条，再加上你自己的想法，最后遴选出三条，告诉你的伴侣。可能的话，每周尝试做一条。如果你们都乐在其中，就坚持下去。你可以访问我们的网站 Gottsex.com，以获得更多的点子。

- 告诉对方你们最喜欢亲吻或者被吻的地方。
- 每天早晨的第一件事和每天晚上的最后一件事是接吻至少 6 秒钟。
- 送礼物给你的伴侣，给他（她）一个惊喜。
- 抱着你的伴侣，告诉他（她），他（她）现在是如此英俊（美丽）而富有吸引力，你此刻神魂颠倒，无法抗拒。
- 你喜欢怎样被拥抱、亲吻和爱抚？每隔一两天，以你自己喜欢的方式拥抱、亲吻和爱抚你的伴侣。对你的伴侣做他（她）对你做的事。要温柔。
- 计划一场卧室约会。仔细考虑衣着、音乐、灯光，要确保留出足够的时间。

- 用润肤露来给你的伴侣做一次时间很长、效果很棒的按摩。
- 给你自己或者伴侣买几件性感内衣。
- 搽上你最喜欢的香水或者古龙水，给你的伴侣一个惊喜。
- 写一首关于你幻想中伴侣身体的诗歌，大声为他（她）朗读。
- 下一次你们分隔两地时，计划一场“电话性爱”。
- 在某天早上送孩子上学后给公司打电话说你晚一点才能到，然后和伴侣共享一小时激情。
- 突袭一次。
- 换个体位。
- 给伴侣留一张性爱小纸条，告诉他（她）你想要舔他（她）身上什么部位。
- 打赌。赢家可以向伴侣提任何性爱方面的要求（当然是在理智范围内）。
- 把奶油或巧克力酱涂在你伴侣身上他（她）喜欢的部位。亲吻并舔掉。
- 来一场枕头大战。
- 前戏时，握着伴侣的手在自己身上游走，如果碰到让你感到舒服的地方，就发出满足的声音告诉他（她）。
- 订个协议。今晚不做爱，只爱抚。
- 坐在电影院的最后一排，像少男少女一样偷偷做爱。
- 给你的伴侣起一个性感的爱称。
- 给对方做个足底按摩。
- 轮流亲吻、舔舐、摩挲对方的背和脖颈。
- 和伴侣穿上古典服饰，外出用餐、做爱。
- 大声抒发你对伴侣容貌的爱慕。
- 在做爱时尝试一种新体位，并在事后讨论你们是不是都喜欢它。
- 打扮停当，在家里一起跳一段奔放的莎莎舞或者慢舞。
- 为对方梳头，抚摸头发。

枕边爱语

如果能提前记住一些浪漫的话，在渐入佳境时用上，就有交流感情的良效。在做爱时，你可能会用下面这些话来表达你的感受。你可以把它当作一份菜单，挑出符合你心境的语句。每对伴侣传达爱意的方式各不相同，你当然可以毫不客气地在这份菜单上添上自己的话，或者干脆重新写过。如果有些狂野的词能激起你们的性欲，不要因为害羞而弃之不用。另外，你也能在我们的网站 Gottsex.com 上找到更多例子。

- 我是你的。
- 我喜欢和你抱在一起。
- 我可以像这样一直吻你，几个小时都没有问题。
- 如果有来生，我会再次选择你。再有下辈子也会选择你。
- 你永远是我的。
- 我想起我们的第一次接吻。
- 我记得我第一次看到你的那一瞬。
- 你是如此性感撩人！
- 我喜欢你背部的曲线。
- 我喜欢抚摸 / 亲吻你的_____。
- 我喜欢你的强壮。
- 我喜欢这样和你待在一起。
- 你的眼睛是如此美丽。
- 我想抱紧你。
- 能听到你的心跳重叠在我的心跳之上，我是如此快活。
- 我总希望我们能像这样待在一起。
- 你这里闻起来真舒服。
- 是的，我们就这么做吧。
- 你是我在这世界上最亲密的朋友。
- 当我们在一起的时候，我觉得我内心有一处敞开了。
- 我喜欢和你一起高潮的感觉。
- 我感到离你很近很近。
- 从没有人像你一样令我动容。
- 此刻，你想让我对你做些什么？
- 我对你无比渴求。

- 这个感觉怎么样?
- 不要停下。
- 你对我来说是如此珍贵。
- 噢！天哪！
- 这真是太美味了。
- 谢谢你的挚爱。
- 用你的手臂环住我，现在。
- 我喜欢你做爱的方式。
- 刚刚那是最好的一次。
- 你真是个很棒的情人。

我希望这些建议能帮助你加深和伴侣的感情，也能让你们彼此更了解。

WHAT MAKES LOVE LAST

12 “我们”和“我”

|应该放手的时刻|

HOW TO BUILD TRUST
AND
AVOID BETRAYAL

要我承认一段婚姻已走到尽头，几乎是违背了我的信念。我和许多同行一样，认为婚姻破裂是件特别令人遗憾的事。我总是心怀希望，希望有情人能够战胜万难。但我也曾遇到很多夫妻，他们的爱情已转化为仇恨，希望也变作苦涩。劳燕分飞固然悲伤，但有时也不失为一项正确的选择。如果婚姻已死，再去努力挽救有何意义呢？面对这种境况，人们需要拥有强大的内心，也需要从他人那里获得支持，从而弥合心伤，活得更好。

为何有时人们纵使百般努力也无法挽回婚姻与爱情呢？原因很简单：至少有一人已决意放弃，对伴侣的种种努力视而不见。但有时也可能存在更为复杂的原因。曾有婚姻失败的人问我，他们的问题算不算“正常”——他们在说出这个词时很尴尬，但我明白他们的意思。夫妻之一可能患有精神疾病或人格障碍，因此很难与另一方产生真正的亲密之情，甚至可能会让另一方毫无安全感。这类婚姻通常都有很高的离婚率，这一点也不奇怪。常见的例子是，其中一方太过自恋——这种人格障碍会阻止其与他人建立起真正的亲密关系。另一方会因为他（她）的过分自恋而感到愤怒和恐惧，甚至产生自我怀疑。接下来的这段简短的对话来自一位自恋的丈夫和他那因此而抑郁不安的妻子。他们不过是许许多多这样的夫妻中的一例。她深感绝望，以致看不出她丈夫的个人问题已将他们的婚姻推入绝境。

佩里：（啜泣）我现在什么也不在乎了。就算明天死了也无所谓。我需要帮助。

杰克：哎，你也知道，我不相信心理治疗。你就不能再撑几个月，等我们有了新的健康保险再说？（他想的是：她的健康问题总是花费巨大。她总会犯偏头痛和胃病。现在她又需要一个心理医生了。我当初真不该找这么难养的人结婚。）

佩里：哦。（我不值得救助。）

幸运的是，佩里的家人及时介入，她的抑郁终于得到治疗。而她也不得不接受这个事实：她的丈夫缺乏共情的能力；又因为他自认为完美无缺，无从作出改变。她对这段婚姻不再抱有任何期望，终于签署了离婚协议。

但对于大多数人来说，选择拯救婚姻还是一拍两散并不是那么干脆的事。向我咨询的很多夫妻声称，在其中一方表达出离婚之意后，另一方显得极为震惊。这类谈话通常都是这样的：

她：我想离婚。

他：我完全不知道你居然这么不快乐。你为什么不早点告诉我？

她：在过去的9年里，我一直在跟你说。

或者：

他：你这么难过，为什么不告诉我？我们可以马上去见治疗师。

她：那又有什么意义呢？只会引发新一轮争吵，而且最后你还是会把错误都推到我头上，就和平时一样。

这类对话在婚姻诊所里相当常见，几乎让人无法判断他们的婚姻是否值得挽救。但是现在，我终于有方法能够确定一段婚姻是否已到尽头。我把我的度量方法称为“爱情开关”。它可以根据婚姻双方回溯共同记忆的体验计算出他们的累积信任值，或者不信任（背叛）值。这方法之所以名为“开关”而非“标尺”，是因为我几乎没见过任何人在回忆爱情史时处于中间地带。他们的回忆或快乐或痛苦——开关一关，非此即彼，很少处于二者之间。如果开关打开，它就会像某种强力缓冲器一样缓冲掉一时的焦躁和疏远。但如果开关关闭，就会产生所谓的消极诠释：总假设伴侣不怀好意。就算只有一方的开关是关上的，也会导致婚姻的终结。在心理学研究中，如此有效的未来灾难预警机制可不常见。我们需要仔细考察其含义，才可能扭转局势。

口述历史：评估你们的爱情史

我的研究团队设计了一个详细的访谈脚本，我们管它叫**“口述历史访谈”**（Oral History Interview）。我用此脚本在实验室中对夫妻讲述的爱情故事进行评估。其中有些问题可以归入“我想认识你”一类——如果你在聚会上新结识一对夫妻，你很可能会问他们这类问题。还有些问题则更为深入，你可能只会和亲密好友谈论。在访谈中，我们会询问夫妻他们是怎样结识的，他们对彼此的第一印象是什么，他们约会的细节，他们的感情如何随着时间的流逝而变化，他们的婚姻哲学以及他们对其他人婚恋观的看法。

访谈脚本在设计上吸收了斯特兹·特克尔（Studs Terkel）的谈话艺术。特克尔是一位知名的广播主持人，他主持的口述节目记录了平常人的非凡生活。在特克尔做访谈时，他并不像常人那样做“哦，嗯”之类不痛不痒的回应以鼓励嘉宾继续诉说他们的故事（治疗师就常常使用这个方法）。这种含糊的声音在广播里听起来实在烦人。嘉宾停止叙述时，特克尔会说：“哇！这真是太了不起了。”然后他会转向下一个话题，自己则继续保持沉默。正因为他采用了这种方法，后期制作人员可以轻易将他的部分从录音中分离出来，只保留谈话主角讲述的故事。这样一来，他就把嘉宾变成了侃侃而谈的演讲家，讲述他们那引人入胜的人生故事。

我发现，参与我的访谈实验的伴侣们的反应和特克尔的采访嘉宾非常相似。人们似乎都有讲述自己故事的需要。就算是婚姻不幸的伴侣也想把他们的故事告诉我们。在研究中，利文森和我本打算跳过访谈以节约时间和经费，但被试们却坚持要进行这一步。伴侣们总想与我们分享他们的记忆，无论他们的婚姻是幸福还是不幸。

在口述历史访谈开始之前，我手下这些出色的采访者会向被试说明，我们认为他们的记忆独一无二，我们也只能通过他们来了解他们的婚姻——毕竟他们才是自己婚姻的专家。在访谈结束后，我会分析每个人的反应，评估他们的爱情开关究竟处于何种状态。

那些只有消极记忆的伴侣关上了他们的爱情开关，但他们并非都会分道扬镳。有些人会继续维持他们不快乐的婚姻。他们虽然住在同一屋檐之下，但是形同陌路，不再信任彼此。

口述历史访谈可说是一种非常有效的评估婚姻满意度的方法。夫妻现时的态度和关注点会影响他们对于过去爱情史的记忆，以及回忆的重心。这一现象可以从生物学上获得解释。最近，神经生物学家研究发现，大脑会根据记忆对我们现时的意义而改写或重组记忆。我们的身份认同——我们如何看待自己、我们是谁、我们的出身——其实都基于我们的神经网络而存在，而其本身又是不断变化发展的。因此，我们后来的经历就会影响甚至改变我们的记忆。

通常来说，大脑会储存两种记忆，外显记忆和内隐记忆。外显记忆是我们有意识记忆的东西：比如你的祖母在你 6 岁生日时送给你一个娃娃；波士顿红袜队赢得了世界职业棒球大赛冠军（而不是你梦到的）。而内隐记忆很可能并非是在完全有意识的状态下产生的。大脑会产生某种类似于直觉的反应，找到在当前情境下适用的规则。红灯亮起时，你不用细想就知道要刹车。但如果新情境与旧认知不符——即所谓“认知失调”——大脑就会改写你的记忆，让旧认知变为合理的。举个例子：你对你的婚礼的记忆很美妙，但因为你的伴侣实在是一个自我中心的混蛋，你的大脑就会改写你的内隐记忆。它改变了过去，为适应新情境而创造了新的认知。现在你再回忆婚礼，想到的第一件事就是，你的丈夫没有夸赞你的美丽。

爱的博弈论 WHAT MAKES LOVE LAST

一段婚姻究竟是无药可救还是希望尚存，在于夫妻双方讲述历史时的态度有多消极。一种对人们的谈话和谈话方式进行评估的方法——“布赫尔曼计分表”，在预测婚姻是否会失败方面极其精准。我曾使用这个方法研究了 120 对育有学龄前儿童的夫妻，预测他们在未来 4 年内是否会分道扬镳，准确率高达 94%。

令人印象深刻，不是吗？其实，我们很容易就能做出这样的预测，因为**夫妻在描述他们的过去时几乎不会保持中立态度。**他们或者会强调曾经的幸福时光、轻描淡写地带过困难，或者会竭力强调失败而非成功。与之类似，他们或者更看重伴侣的优秀品质而非糟糕的缺点（珍惜），或者与之相反（贬低）。

接下来，本书将逐一为你介绍“布赫尔曼计分表”的 5 个维度。在参与我们研究的所有被试中，在 5 个维度上得分都很低的夫妻最终均以离婚收场。

维度 1：温情与爱慕

婚姻幸福的伴侣会用温暖、有爱和彼此尊重的态度讲述他们的故事。下面这段迷人的对话来自一对快乐的新婚夫妇。

12

“我们”和“我”

南希：他是个坦诚的、“不惧凝视双眼”的人。我当时觉得，我终于遇到一个可以成为真正的好友的人了。

访谈主持人：你对她的第一印象是什么？

索尔：（忍住笑）我们刚被介绍给彼此的时候，我想，哇，好美的微笑。我觉得她挺可爱的。她走后，我告诉所有人，我对她的第一印象是，哇，好美的臀部！印象很深刻。

南希：（大笑）他在看到我臀部的一瞬间爱上了我。

索尔：开个玩笑。我想我对她的第一印象是她脸上洋溢的微笑。她看起来是个能给周围所有人带来快乐的姑娘。我猜，我就是这样被她吸引了。

访谈主持人：所以，你为她倾倒是从——

索尔：一开始。

伴侣互相称赞相当常见。我也对40岁和60岁年龄段的夫妻进行过研究。下面这段对话就来自其中一对。他们回忆起当年在舞会上的第一次相遇。

默里：我先来说我的版本。我当时在军中服役，被派往巴尔的摩上学。有一次我走到那里最脏乱的街道，东巴尔的摩街。我当时在喝啤酒，把瓶子放在地上。有人过来把酒瓶踢倒了。我抬头看，看到了她。

布兰奇：我最好的朋友在军事基地工作。她说她遇到了一位特别迷人的士兵，她想在每周举行的舞会上跟他跳舞。她在我工作时打电话给我，说：“我不想自己一个人去。你要过来陪我。”所以我去了。

默里：我不知道为什么……但我开始意识到他们来这里都是为了她，尽管她不常说话，她也一定是那群人中最有意思的。所以我开始注意她。她是那群人的领袖。

下面的另一对夫妻也在这个维度上拿到了很高的分数。

访谈主持人：请告诉我们，你们两位是怎么认识，又是怎么走到一起的？

简：你想听我说吗？这可是我最喜欢的故事。要说这事还真是相当不寻常。我当时……里基当时在一家女士成衣店工作……我那时在和一个橱窗装饰师约会。他叫弗兰克。每次我和弗兰克约会时，他都会谈起那个在成衣店工作的里基。所以有一次我说："弗兰克，我只是觉得，没人能像你描述的那么好。你说他就住在城里，为什么不把他叫过来一起聚聚呢？"所以弗兰克去打了个电话，然后他说，里基过不来，我们为什么不去他住的地方找他呢？他住在一家旅馆里，离我们当时在的地方只有几个街区。弗兰克越过我去敲门，里基打开门，望着我，亲吻了我的手。我从此沦陷。

与之相反，在这一维度上得分很低的人对其伴侣的第一印象往往并不好。他们的讲述十分冷漠，没有喜爱与满足之情，更别提欣赏了。且看谢里丝是如何描述她遇到丈夫唐尼的经过的。

访谈主持人：你最初注意到唐尼是因为什么？他身上有什么特别之处？

谢里丝：酒掺了水。

唐尼：她的意思是，我有个朋友拿来一瓶酒。

谢里丝：是的，啊哈。你知道，我快赶不上滑雪班车了。我往车上冲。我是最后到的。我谁都不认识。我只是想去滑雪。他当时和几个人坐在一起，很明显他们已经组成一队。他并没有给我什么特别突出的印象。第二天晚上，我们一起在他们其中一个人的房间里玩。他本来和我约好一起出去吃晚饭的。但他们几个人喝得大醉，所以我最后只能和他的一个朋友出去吃饭。后来我们回到他朋友的房间，唐尼当然也在那里。他在去餐厅的路上因为喝得太多被警察架了回来。我把他叫醒，对他说："你知道，我觉得你不是一个好人。"

这是一个多么悲伤的故事！在谢里丝的描述中我们看不到任何正面的东西：酒掺了水，她迟到了，她不认识任何人，她未来的丈夫因为喝得太多而爽了约……最主要的一点是，她当着他的面批评他。

如果他们是一对幸福快乐的新婚夫妻，很难想象她会刻意强调这些消极信息，他们很可能会开心地拿他们的初次相遇来开玩笑。

康纳和奥黛丽是另一对在"温情与爱慕"维度上溃败的夫妻。当主持人请他们描述一次约会时，他们选择的不是一场有趣而愉快的约会，而是一场在她生日时发生的激烈争吵。尽管他们在诉说时并未表现出愤怒，但我还是从他们的选择里听到了婚姻的丧钟。

康纳： 有一次，你生日的时候，我真的生气了。

奥黛丽： 是的，真是蠢极了。那是你做过的最蠢的事。

康纳： 我真是气极了。

奥黛丽： 你就像个彻头彻尾的呆瓜。

康纳： 我暴跳如雷。我冲她大喊大叫，因为她——

奥黛丽： 但那是*我的*生日。

康纳： 我花了大概200美元买礼物。

奥黛丽： 那时我们出去吃饭刚回来。他的朋友跟我一起坐在客厅里聊天。我们聊得很投机，我觉得我不能简单说句"哎，抱歉哈利，但你现在得走了"就把他打发走。

康纳： 当时我正准备睡觉。我已经穿上睡衣了。

奥黛丽： 他在酝酿情绪，我感觉得到。我也很想让哈利离开，但我觉得我要对他表示友善。然后康纳就开始发表他的长篇大论了。我当时觉得，只要无视他就好了。

康纳： 我就是理解不了。在我看来，她似乎忘了这段时间应该只属于我俩。其实是交流的问题。我确实有点出格了。我并不常生气的。

奥黛丽： 他对我非常生气。我最后不得不离开，第二天才回来。

如果一对夫妻被问及爱情史时想到的是这类故事，他们的关系很可能已经岌岌可危。

维度 2:“我们”和“我”

婚姻幸福的伴侣常常提到他们一起做的事，好像他们是一个整体。他们言谈中流露出的“一起”之感相当明显。他们的遣词造句也常常流露出相似的信念、价值观和目标。

下面这段对话来自于一对常强调“我们”的夫妻。我和利文森对他们进行了长达 20 年的跟踪研究。

访谈主持人: 在你认识的人中，你能想到有谁拥有真正美满幸福的婚姻吗?

戴安娜: 我们就是。

亚当: 我真的不认识任何像我们这样的人。这听起来有点骄傲自大，但是……

戴安娜: 我同意。

访谈主持人: 这真是不错。

亚当: 是的。我们以同样的方式交流，我们有同样的目标。我们也会一起做事。还有一件事是连我们的孩子都无法在他们的婚姻中享有的。我们的孙辈觉得我们很神奇，因为我们常常一起大笑。

戴安娜: 啊哈。分享我们奇怪的幽默。

亚当: 我们不只包容彼此的不同之处。我们甚至喜爱我们的不同——我们其实是完全不同的两个人。

戴安娜: 我们真的很不一样，但是我们非常适合彼此。

亚当: 我们更像是合为一体，相互交融。我们为此骄傲，因为我们就是对方互补的另一半。

访谈主持人: 在婚姻生活中，你们对分工的满意度如何?

戴安娜: 嗯，一般我都很满意。

亚当: 我也很满意。

戴安娜: 如果我要换床上的亚麻被罩，有时我们会一起做。我帮他，他也帮我。

而不强调"我们"的伴侣,描述的重点常常是婚姻生活对他们个人的影响,而不是对他们的共同影响,就好像他们要在零和博弈中取胜一样。沃伦和克丽丝塔夫妻可谓其中榜样。访谈主持人请他们讲述最近发生的一件关于他们如何解决争端的事。他们描述了一场关于预算的争执。沃伦打算买一条渔船,而克丽丝塔想要滑水艇。当访谈主持人问他们如何解决争端时,他们回答说,问题仍未解决。他们还重申了各自的观点,完全没有顾及另一方的反对意见。在下面这段对话里,我用斜体标出了所有"我"和"我的"。

采访主持人:你们是怎么做出决定的?

克丽丝塔:我最后说:"你看,你要买一条新渔船,这并不公平。你已经有一条了,所以我们应该先买一条滑水艇,然后明年再买渔船。"我差不多就是这么说的。然后他说:"我们可以两条都买!"但我说:"那真愚蠢。"差不多就这样结束了……所以现在仍然没法决定。

沃伦:你知道,所有这些冲突的原因都可以归结到一个:这是我挣的钱,是我攒下来的,事实上,这钱是我的。

所有婚姻中都有难以解决的冲突。他们的对话中隐藏的爱情死亡的预兆,不是他们无法达成共识,而是他们为何会无法达成共识:他们关注的是"我"而非"我们"。他们深陷于捕鼠器中,每个人都想要成为赢家。

维度3:内心世界的爱情地图

要分析一对伴侣的爱情回忆,我的研究小组会特别注意他们对彼此的记忆是否鲜活特别。他们是否会谈论彼此过去的种种?如果他们乐于描述细节,就意味着他们仍然理解和尊重彼此:伴侣关心什么,什么会让他(她)感到难过或高兴。同时我们还会注意,他们的描述是否拥有正能量。

接下来的这对夫妻,在他们60岁时为对方画了一幅详细的爱情地图。

访谈主持人：你们是否曾为对方改变自己？

安迪：哦，是的。（两人突然大笑）我们那时刚结婚。有一天晚上，她想做奶油软糖。然后她开始做，还不停地拿勺子搅拌。

马西娅：（疯狂地笑）

安迪：她小时候家里用的是煤气灶，但我们的炉灶是用电的。她完全不知道怎么用。

马西娅：我试图拿火柴去给电炉点火。他一直在笑我。

安迪：这是个很棒的故事。她打开炉灶，找出一根火柴，试图给电炉灶点火。我意识到我们的麻烦大了。她准备在电炉上做软糖？但她从小到大从来没有动过厨具，所以她什么都不知道。之后我出去了一会儿，回来后我试图品尝她做的软糖。我想拿勺子挖一块，但是整个锅都被我拎起来了。它就像水泥一样硬。

马西娅：是的。我小时候和姐姐们一起长大。就好像一栋房子里有三个妈妈。我从不需要做饭或者做任何家务。所以我就成了那个不会做家务的人了。我们那天晚上要招待客人，我觉得我可以做软糖。但他回来后我们不得不把整个锅都扔掉了，因为它就像个水泥块。他热爱做饭，什么都懂。

安迪：这倒是真的。我很喜欢做饭和烘焙。她虽然不会做饭，但是学得真快。她也是我开玩笑的好对象。我们一向如此。

马西娅：（大笑）哦，是的，他总爱开玩笑。而我也不会生气。

安迪：还有一件事也发生在那个公寓里。当时我还是个研究生，只租得起那样的公寓。有一天，床从中间裂开了。

马西娅：哦，是的。

安迪：你想啊，那时你刚结婚，你想和妻子温存，你总想做爱。你想在床上滚。但是老天，你就是不能，你会滚到——

马西娅：——中间那个裂缝里。那时可有些有趣的事。

安迪：我记得一件事。（轻拍她的腿）这事很好玩。我们一直很享受性爱，从一开始就如此。

马西娅：哦，是的。我们确实是这样。

12

“我们”和“我”

安迪： 但有一次，她似乎很不高兴。

马西娅：（大笑）哦，是的，我记得。

安迪： 她说，“我们昨晚没有做爱。”说得好悲伤啊。

马西娅：（笑得更欢了）“你怎么了？”

安迪：（笑）我说：“男人也有心有余而力不足的时候啊。”

马西娅：（大笑）

你能猜到，感情疏远的伴侣不会像安迪和马西娅一样，在回忆时流露出这般极富感染力的幽默。他们在回顾爱情史时会采取戒备的态度，缺乏人情味。他们也不会提到另一半的任何特别之事。他们视过去为“寻常”而非特别。在他们脑海里，没有一张爱情地图。

访谈主持人： 那么，你们在早年约会的时候会做些什么？

（长时间不语）

瑞安：（安静地望向妻子）

阿什莉： 大学城里没什么事可做。我想，我们会去看电影，还有……（长时间不语）

瑞安： 嗯。（停顿）那时候有电影节。

阿什莉：（停顿）我们还会出去吃饭。就这些了。那真是个很小的地方。我记得我们有时也租片子看。

瑞安： 出去吃饭。（停顿）喝很多红酒。

阿什莉：（拘谨地笑）

访谈主持人： 你们两位都是红酒鉴赏家？

瑞安： 其实不是。我们没那个钱。

访谈主持人： 但你们喜欢喝红酒？

瑞安： 偶尔是的，我想。

沉默寡言并非问题所在——并非所有的夫妻都善于言谈。人们在自我表达时的情绪和感受各不相同。但如果两人婚姻幸福，就算沉默寡言，他们对爱情也会有独一无二、非常特别的积极回忆，并且可以将其讲述出来。

维度 4：“为挑战困难喝彩”与“陷入混乱”

把爱情史形容为乱糟糟一团的伴侣，通常现在也不幸福。他们讲述的故事既非齐心协力战胜困难，也非从不愉快的经历中学习改进。在他们的描述中，你丝毫感受不到他们在经历过困难和争执后加强了信任。生活和婚姻就那么发生了。你可以从下面这对新婚夫妇的对话中看到这种混乱。他们的婚姻未能延续下来。

访谈主持人：你们两位是怎么认识的？你们对彼此的第一印象如何？

伦尼：我们是在一次聚会上遇到的。她看起来很不错。

温迪：是的。那时我们没怎么说话。

访谈主持人：然后呢？

伦尼：那之后一周，她因为公寓失火，搬来和我同住。

访谈主持人：哇，进展好快。你是怎么做出这个决定的？

温迪：我只是要搬出来。然后他说，既然这样，你可以过来跟我住一段时间。

访谈主持人：你对他的印象是？

温迪：他还不错。很好，我猜。

访谈主持人：然后发生了什么？

伦尼：她母亲得了癌症，我们决定搬到威斯康星去照顾她。

访谈主持人：你们居然会这么做，真是不错。到那时为止你们在一起多久了？

温迪：差不多一年。

访谈主持人：你们怎么做的决定？

伦尼：我不记得了。

温迪：就那么发生了。就像火烧起来一样，就那么发生了。

伦尼：是啊，就像那样。

12

“我们”和“我”

还有一对夫妻，他们被迫分居两地。他们历经困难，却并未收获什么。分居两地让他们疏远，但他们并没有努力去弥合这道裂痕。

特拉维斯：我觉得对我来说更容易一点。

罗娜：是的。我突然有了新工作，压力骤增。我要好好干活。

特拉维斯：事情就这么发生了。她不再在我身边，我必须接受这个事实。所以为了感觉不那么糟糕，基本上你就得试着削弱感情，甚至不去想它。你差不多会怀疑自己是不是结婚了。

罗娜：分居两地，你们的关系势必会停滞不前。你们不会有进展。不会有变化，不会有进步，什么都没有。

访谈主持人：你们是怎样做出这么一个艰难的决定的？

罗娜：就是那么发生了。然后你们的感情就差不多停滞了。你们会一周打一次电话，会发发邮件……

特拉维斯：你不得不去适应……你开始想些糟糕的事。

罗娜：事情就是这样。

与之相反，婚姻幸福的夫妻会骄傲地谈起他们克服困难的经历。他们会将努力视为荣耀，强调他们的努力是如何加深了他们的关系。他们相信自己曾并肩作战，他们拥有一样的目标、抱负和价值观。他们有共同的生活意义。**一对伴侣在谈论过去的困难时是否能展现出正能量，并不完全在于他们面对的困难有多大，关键在于他们是如何阐述这些或积极或消极的事件的。**有一对夫妻在 18 岁时就因为女方怀孕而结婚。这次怀孕对于他们二人来说都是一场危机，但他们只能一起面对。这样的大事件足以改变一生，随之而来的困难也颇多，很可能牵扯出许多糟糕的往事，这并不出人意料。但这对夫妻对他们的婚姻感到满足，所以他们的“爱情开关”固定在了“开”上。他们为自己当年的坚持倍感骄傲。

兰迪：我们结婚时，乔妮已经怀孕 4 个月了。

访谈主持人：那么你是否觉得自己“不得不”结婚呢？

乔妮：一点也不。

兰迪：不如说是我的缘故。有人会说“你们俩既然已经这样了，就必须立即结婚”，但我觉得当时我们不是这种情况。*[他同时强调了对妻子的尊重]*

乔妮：我觉得他很有保护欲，对吗？*[她觉得他是在保护她，而没有推卸责任。]*

他们热情洋溢地谈起自己奉子成婚的婚礼，尽管双方的父母都没有出席。

兰迪：那真是次很棒的婚礼。

乔妮：是的，我们拥有一场美丽的婚礼……我们在瞭望台上结了婚。

兰迪：那是一艘装饰得很漂亮的船。

但在孩子出生后，困难也随之而来。

乔妮：我觉得这对兰迪来说更难些，因为他曾经是那样一个追求自由的人，他曾经一个人做了那么多事。有了孩子、组成家庭对他来说是一次巨大的改变。

兰迪：是的。我接受我对家庭应承担的责任。但现在我不觉得我当时做得够好。（望向乔妮）

乔妮：他接受责任……他从来不发脾气。他也不会做任何太糟糕的事。但他几乎每晚回家时都是醉醺醺的。

试想一下，如果他们现在过得并不幸福，那么乔妮想起的就很可能不是兰迪“不会做任何太糟糕的事”了。乔妮提到，他们在刚结婚时经常吵架，以致她想要离婚。但他们并没有花太多时间来回顾当年离婚的可能性。他们谈论的更多的是他们当年是如何解决这个问题的。他们决定搬到犹他州去，那里对他俩来说全然陌生。

兰迪：我们当时真的需要离开那里，离开我们的朋友，离开我们的过去。那次搬家改变了很多事情……我们被迫在一起。

12

“我们”和“我”

乔妮：我们也必须依赖彼此。

兰迪：相互帮助，共渡难关。

［这对伴侣在谈论他们如何克服困难、挽救婚姻的时候非常自豪。］

访谈主持人：那么你们在为人父母后又如何？先不谈其他，请跟我们讲讲，你有了儿子之后是什么感受？

兰迪：棒极了。真是棒极了。

乔妮：我觉得，那是我们在结婚头几年里唯一一次意见一致。

兰迪：是的。关于我们该为他做什么，他需要什么，不需要什么。

乔妮：我们好像都没有因为养育儿子的事吵过架。

访谈主持人：所以说，你们的价值观非常相似。

兰迪：是的。

乔妮：尽管兰迪喜欢聚会之类的事，但他确实是个好父亲。和他共同抚养孩子是一段美妙的经历。

当婚姻幸福的夫妻口述历史时，他们对曾经努力的自豪之情溢于言表。就算他们谈论的重点不是过去，这种自豪也会以不太明显的方式流露出来。在我们的另一项研究中，有一对同性伴侣。他们曾因各自的时间安排而发生冲突。他们中的一个是忙碌的建筑师，另一个是研究生。就算时间问题曾为他们的关系设置了重重障碍，他们后来也能轻松谈起这段历史以及他们当时的处理办法。虽然他们这段对话好像有点消极意味，但他们这段积极面对和解决困难的历史也足以昭示他们光明的未来。

达雷尔：7年前，虽然我们还因为你在周五晚上工作吵架，我们的分歧已经小得多了，毕竟我们都明白，如果因为工作而影响了共同的周末，那会是场灾难。但是这么多年慢慢过去，它消失了。你又去上学了。

杰夫：你说“它消失”，是什么意思？

达雷尔：突然之间，我们似乎已经习惯了这个事实：我们经常不能共度周末。这已经不像从前那样是什么了不得的问题了。

杰夫：是的。但在我回学校读书之后，这个问题又出现了。因为读书会占用大量我们本可以共度的时光。

达雷尔：是啊。我记得在你刚去上学的时候，我和你谈过一次。当时我们决定，你要信守你的晚间承诺，至少 1 周 1 次，可能 1 周最多会有 2 次。第 1 年，我们想法遵守这个计划。第 2 年，每周 2 次。到了第 4 年，我们的情况就是，如果你碰巧某天晚上有空，那 1 周就是我的幸运周。

维度 5：失望与满足

如果一对夫妻濒临分手，他们中至少有一个会因为这段婚姻不如其所想而倍感失望。回顾自己当初的选择，他们通常都会对长期承诺或婚姻产生质疑。下面这段简短的对话正能说明这一点。

访谈主持人：你们会给打算结婚的年轻人什么忠告？

丈夫：再等等！

妻子：不要结婚。

下面是另一对夫妻的对话片段。因为丈夫不愿与妻子讨论他的遗嘱问题，妻子感到分外难过。她觉得，即使在一起过了这么多年，他仍然不把她和自己视为“我们”。

斯蒂芬：她坚持认为，她有权利和我一起撰写我的遗嘱。这有道理吗？

布丽奇特：是的。对我来说，撰写遗嘱应该是两个人一起做的事。不管是他的遗嘱，还是她的遗嘱，我们都应该坐下来好好谈谈怎样照顾彼此。在我看来，这是夫妻间必须完全公开的事情之一，也绝对是一件要一起去做的事。

斯蒂芬：（点头）那是她的看法。我和她想的不一样。

布丽奇特：我觉得我刚刚已经说得很明白了。有一天晚上，我们又吵架了。我说：“这个婚姻一点都不如我所愿。它实际上已经成了一场关于控制的游戏。”

与之截然相反，婚姻美满的夫妻认为婚姻达到了他们的期望。下面引述中的这对夫妻认为，他们一开始就知道他们是天作之合。我们可以从他们的描述中清晰地看出，他们仍然认为彼此是最合适的人选。

访谈主持人：你是怎么认定，你真的想和她结婚？

史蒂夫：我不记得具体是什么时候了。我当时就是有这样的感觉。

访谈主持人：那是什么感觉？

史蒂夫：我就是喜欢和她在一起。

访谈主持人：那么你呢，盖尔？

盖尔：是在和他一起进行了3星期的公路旅行之后。那是一段很棒的日子，我看到了我从没见过的这个国家的风景。对我来说，两个人能够在一起那么长时间，那样亲近，从不争吵，这真是太奇妙了。我们过得很快乐。我们每天都会讨论下一站要走到哪，接下来要看什么，何时停下。我一生中从未体会过这般亲近的感觉。我在心里暗叫："哇！"

史蒂夫：（笑）这是真的。

盖尔：我在旅行中给妈妈打电话，我说："哇，这真是太有趣了。"她说："我不知道你为什么这么做。你甚至都不认识这个人。"（她笑了）她说的是真的。我的意思是，他可能是——杀人犯，或者别的什么坏人。但我知道，和他在一起非常轻松愉快，感觉很对。一直都是如此。

若将所有这些故事放在一起比较，婚姻成功者和失败者的差别会越发明显。但就算爱情开关处于关闭状态，他们也并非全然无计可施。如果他们没有在所有维度上都得分很差，他们的婚姻就还有希望。**爱情史的积极面并不会在短时间内完全消失。想拯救婚姻，一般来说还来得及。**

然而，如果爱情开关一直关闭着，情势就很难发生逆转。这时，任何干预措施都来得太晚了，显得微不足道。即使其中一方努力向好的方向改变，另一方也会抱以怀疑，他（她）会想：哦，这个鬼东西终于会做点好事了。但是这段婚姻还是充满了地狱般的煎熬。到了这时候，我认为一般来说夫妻二人最好还是承认婚姻失败、缅怀失去之爱并继续自己的生活。

自我测试：何时该弃船逃生

这项测评会帮助你们判断你们爱情开关是否接近或已经关闭。这并不是一项简单的小测试，因为你将做出的是一个相当重大的决定，你需要进行大量的思考。

WHAT MAKES LOVE LAST 我们的故事

请回答下面全部问题。SA：非常赞同，A：赞同，N：中立，D：反对，SD：非常反对。

1. 我对这段婚姻感到失望。	SA5 A4 N3 D2 SD1
2. 我很喜欢我的伴侣的人格特质。	SA1 A2 N3 D4 SD5
3. 我喜欢向人们讲述我们的爱情史。	SA1 A2 N3 D4 SD5
4. 我喜欢讲“我们是怎么认识的”这个故事。	SA1 A2 N3 D4 SD5
5. 我们的生活一团乱麻。	SA5 A4 N3 D2 SD1
6. 伴侣会很自私自利。	SA5 A4 N3 D2 SD1
7. 我喜欢和伴侣一道计划我们的生活。	SA1 A2 N3 D4 SD5
8. 在我生气的时候，伴侣无法体谅我。	SA5 A4 N3 D2 SD1
9. 我觉得，无论陷入怎样的逆境，我们都能携手共渡。	SA1 A2 N3 D4 SD5
10. 伴侣轻视我。	SA5 A4 N3 D2 SD1
11. 伴侣总能顾及我的需要。	SA1 A2 N3 D4 SD5
12. 我常在公共场合被伴侣嘲笑。	SA5 A4 N3 D2 SD1
13. 伴侣会为我的成功感到骄傲。	SA1 A2 N3 D4 SD5
14. 我的伴侣很可能会背叛我。	SA5 A4 N3 D2 SD1
15. 我们是一个很棒的组合。	SA1 A2 N3 D4 SD5
16. 在一次吵架之后，我想，谁稀罕这种婚姻呢？	SA5 A4 N3 D2 SD1
17. 我们都积极地看待我们的爱情史。	SA1 A2 N3 D4 SD5
18. 这段婚姻完全没有达到我的期望。	SA5 A4 N3 D2 SD1

19. 我们绝对认为自己是“我们”而不是单独的个体。
SA1 A2 N3 D4 SD5
20. 我敢肯定，是伴侣让我血压升高了。 SA5 A4 N3 D2 SD1
21. 有时我的伴侣会取笑我。 SA5 A4 N3 D2 SD1
22. 我们常会兴奋地抢着说完对方想说的。 SA1 A2 N3 D4 SD5
23. 我不觉得这段婚姻值得我这样痛苦挣扎。 SA5 A4 N3 D2 SD1
24. 我的伴侣能够理解我。 SA1 A2 N3 D4 SD5
25. 我们翻来覆去为同一件事不断争执。 SA5 A4 N3 D2 SD1
26. 我伤心时得不到伴侣的回应。 SA5 A4 N3 D2 SD1
27. 我们都相当喜欢对方。 SA1 A2 N3 D4 SD5
28. 我们常常吵架，但也达不成任何共识。 SA5 A4 N3 D2 SD1
29. 伴侣对我不吝赞美。 SA1 A2 N3 D4 SD5
30. 伴侣常常自发地告诉我，他（她）有多爱我。 SA1 A2 N3 D4 SD5
31. 我的伴侣很可能会出轨。 SA5 A4 N3 D2 SD1
32. 我们喜欢在一起聊天。 SA1 A2 N3 D4 SD5
33. 我的伴侣在下班回家见到我时总是很高兴。
SA1 A2 N3 D4 SD5
34. 我已经跟伴侣谈过分居（离婚）的事。 SA5 A4 N3 D2 SD1
35. 我完全信守婚姻的承诺。 SA1 A2 N3 D4 SD5
36. 伴侣会告诉别人，他（她）是多么地珍惜我。 SA1 A2 N3 D4 SD5
37. 伴侣曾对我说，我一点性吸引力也没有。 SA5 A4 N3 D2 SD1
38. 有时我的伴侣会威胁我。 SA5 A4 N3 D2 SD1
39. 我们一起创造了美好的生活。 SA1 A2 N3 D4 SD5
40. 我的伴侣以我为荣。 SA1 A2 N3 D4 SD5
41. 我的伴侣对我非常尊重。 SA1 A2 N3 D4 SD5
42. 我的伴侣有时会变得极为消沉。 SA5 A4 N3 D2 SD1
43. 我的伴侣常冲我大喊大叫。 SA5 A4 N3 D2 SD1
44. 我们的价值观很相似。 SA1 A2 N3 D4 SD5
45. 我的伴侣对我一往情深。 SA1 A2 N3 D4 SD5
46. 对我来说，我的伴侣很有性吸引力。 SA1 A2 N3 D4 SD5

47. 我的伴侣会为了泄愤而出口伤我。 SA5 A4 N3 D2 SD1

48. 我的伴侣试图让别人相信我是个疯子。 SA5 A4 N3 D2 SD1

49. 我的伴侣会侮辱我的家人。 SA5 A4 N3 D2 SD1

50. 我的伴侣说我性无能。 SA5 A4 N3 D2 SD1

51. 我的伴侣试图找出我言谈举止上的纰漏，以证明我在撒谎。 SA5 A4 N3 D2 SD1

52. 我的伴侣对我很失望。 SA5 A4 N3 D2 SD1

53. 我的伴侣一直很消沉。 SA5 A4 N3 D2 SD1

54. 我在家里总是生气。 SA5 A4 N3 D2 SD1

55. 我感到和伴侣很亲近。 SA1 A2 N3 D4 SD5

◎ 分数计算：

1. 将选出的所有“1”和“2”相加。
2. 用计算器（如有必要）将上一步得出的数字除以 55。
3. 再乘以 100，你就得到了你们的百分比。

◎ 75% 或以上

你们的爱情开关已经打开。你们的婚姻稳如磐石。这是十足的赞美。

◎ 74%~46%

警钟敲响。如果你的得分逼近下限就更应注意。现在是认真评估婚姻状况的时候了。你们之间有没有再起波澜，开始新一轮的对抗？是否出现了重大变化？是否慢慢积聚并酝酿不满？如果到现在还没有，请逐一完成本书中提到的练习，看看你们是否能重拾信心。如果情况不容乐观，请考虑一起向专业人士寻求帮助。

◎ 45% 或以下

你的分数意味着你们的婚姻已深陷坟墓，几乎无法挽救。但要注意，暂时的障碍——比如你们还没来得及修复的小事故——也可能暂时拉低分数。所以，如果你得分很低，请参考我给出的那些解决争端的建议来作出补救。然后在你觉得“回到正轨”之后，重新进行此项评估。如果你的分数仍然很低，但你和伴侣都下定决心要努力拯救你们的婚姻，请尽早向合格的婚姻咨询师寻求帮助。

如果已有昭示婚姻失败的明确而不容置疑的证据，而你也不打算继续耗下去，我认为现在放手不失为明智之举。但就算你放弃了这段婚姻，也不要排斥婚姻的可能。爱情的失落把你置于十字路口，你现在做出的决定将深刻地影响你的未来。

WHAT MAKES LOVE LAST

13

零和婚姻的救赎

|重新学习信任|

HOW TO BUILD TRUST
AND
AVOID BETRAYAL

糟糕的婚姻或者与世隔绝的孤独人生，你觉得哪个更悲剧？这个问题听起来简直不可理喻——就好像是在问你，你更喜欢哪种折磨方式一样。我之所以提出这个问题，是因为我发现，人们往往为逃避孤独而继续勉强维持他们糟糕的婚姻或恋情。还有一些人在遭到背叛后不但毅然离开伴侣，还发誓再也不亲近任何人。正如一位女士所言："我宁愿和金鱼为伴——至少它们不会背叛我。"但问题是，这两种应对方式都是不健康的。所谓"不健康"，指的并不"仅仅"是它在情感和心理上的破坏性，它真的会杀死你。

证据俯拾即是，显而易见。**婚姻信任度低的人群有着更高的死亡率。**我、利文森和卡斯滕森收集了对老年伴侣 20 年跟踪调查的数据并进行新的分析，从而发现了婚姻信任度和死亡率之间的关联。我们注意到，很多处于零和关系中的伴侣会选择退出实验项目，其数目超过了其他类型的伴侣。在冲突对话实验中，这些伴侣更倾向于把彼此当成对手。我并不为他们相对较高的实验退出率而感到惊讶。我推测，他们之所以退出实验，是因为他们觉得它对他们来说实在太不愉快了；或者他们已经分道扬镳，不想重回伤心地。我们在实验中总会遇到诸如此类的波折，所以我和大多数从事长期追踪研究的科学家一样，在开始实验时就让被试的数量远超实际需要。

而在最近，马蒂斯塔博士做了进一步的研究，发现了导致人们退出实验的更可怕的原因。她仅根据冲突对话将伴侣分类，发现零和关系中丈夫的死亡率高得惊人。**在 20 年时间里，他们的死亡率高达 58%；而在合作型关系中，丈夫的死亡率只有 23%。**换个角度看，如果一对伴侣在实验一开始的冲突对话显示为零和，在排除年龄和其他影响健康的因素后，这对伴侣中丈夫在未来 20 年里的死亡概率比享受完全合作型婚姻的丈夫要高 11 倍，也比处于混合型（伴侣之一为合作型，另一个则为零和型）关系中的丈夫高出 7 倍。这一结果已获得了大量实验研究的支持。比如有研究发现，那些认为妻子爱自己的男人患溃疡的症状较轻，患冠状动脉阻塞或心绞痛的概率也较低。

爱的博弈论 WHAT MAKES LOVE LAST

> 零和婚姻中，丈夫的死亡率高得惊人。在 20 年的跟踪调查期间，他们的死亡率高达 58%；而在合作型关系中，丈夫的死亡率只有 23%。在排除年龄等其他影响健康的因素后，死亡率比合作型婚姻高 11 倍，比混合型婚姻高 7 倍。

至于丈夫的死亡率和妻子的死亡率为何不平衡，我们尚不清楚原因。这也许是因为冲突对男性的血压、心跳等压力指标的影响更为巨大。但糟糕的婚姻同样会对女性产生不良影响。那些不得不面对零和冲突的妻子向我们反映的心理和生理健康问题比其他女性更多。曾经有人做过一项非常有趣的研究，证明了高度信任的婚姻关系之于女性健康的益处。研究者詹姆斯·科恩（James Coan）博士让参与实验的女性被试做核磁共振成像大脑扫描，并在同时轻击她们的膝盖。在实验之前，每个被试都会填写一张调查问卷，让研究者确定她们的婚姻生活是否快乐。科恩通过研究每个女性被试对轻击膝盖的反应，发现她们反应的差异取决于在实验中由谁握着她的手——是她们的丈夫，还是某个陌生人。如果是陌生人，她们大脑中负责发出危险和预警信号的部分会被完全激活。但如果这位女性被试认为她的婚姻享有高度信任感，那么在她的丈夫握住她的手的时候，她几乎完全感觉不到恐惧。对于那些在婚姻中缺乏安全感的女性被试来说，她们大脑中负责恐惧信号的部分则要活跃得多。

拥抱激素：信任与健康

为何丈夫在旁就能平复妻子的恐惧？越来越多的研究表明，高度信任的亲密关系会刺激女性合成催产素——人们常称之为**“拥抱激素”（cuddle hormone）**，因为它与伴侣间的亲密联系、孩子对母亲的依恋以及性吸引力有关。[①] 在女性因压力而产生不利于健康的生理反应时，这种激素会保护她免受侵害。催产素（对于男性来说则是后叶加压素，或称抗利尿激素）的作用为我们提供了进一步的证据，证明我们的恋爱关系足以影响我们的生理健康，反之亦然。

科恩的理论显示，伴侣会“互相协助调理”他们的生理状况。简单来说，就算他们无法控制自己的情绪，也能安抚彼此。我们从伴侣冲突研究中可以得知，情绪一旦激动，我们的大脑就很难抑制恐惧反应。但互相信赖的伴侣却总能安抚对方的恐惧。在托马斯·刘易斯（Thomas Lewis）、法里·阿米尼（Fari Amini）和理查德·兰农（Richard Lannon）的著作《爱在大脑深处》（*A General Theory of Love*）中，他们以亲－子关系为例讨论了信任对人的影响。他们写道，这种在两者间同步双向交换的信息能改变彼此的激素水平、心血管功能、睡眠周期以及免疫功能等。

在一项针对 100 对离婚夫妻的研究中，我发现**如果妻子的信任度高（即使**

---

① 催产素对于伴侣间亲密关系有着重要影响。我们现在之所以了解这一点，要感谢一种体形极小的啮齿类动物，橙腹草原田鼠。其母鼠一生都在寻求最佳伴侣，它们总让公鼠难以接近。它们如果对伴侣感到不满意，会把它们一个个撵走。但是先驱研究者苏·卡特博士发现，如果给母鼠注射催产素，它们就不会对伴侣的条件那么苛求了，大多数都会接受第一个伴侣。

丈夫的信任度不高），这对夫妻的血流速率就会保持在相对较低的水平。这是个很不错的信息，因为较低的血流速率是未患高血压的指标之一。虽然我们还不能肯定妻子的高信任度是否是造成这一现象的原因，但两者之间必然存在某种联系。有趣的是，丈夫的信任度对血流速率的影响不大。因此我逐渐倾向于认为，一般来说妻子的安全感对婚姻动力学的影响更大。如果男性能意识到让妻子拥有安全感是多么重要，他们的婚姻关系会得到极大改善，他们自己的健康状况也一样。当然，无论男女，人人都希望得到伴侣的信任。一段稳定、彼此信赖的亲密关系往往会让人更不易死于心血管疾病、癌症、外科手术及其他疾病。

结论显而易见：一段令人愉快的亲密关系对你的健康有益，而信任度低的婚姻则会置人于死地。如果你感到你的婚姻已经糟糕到了无可挽回的地步，结束这段婚姻可以帮你提升健康指数。但你在离开（或者被抛弃）后的所作所为才真正至关重要。这就是我在本章开头提出的那个问题的答案：糟糕的婚姻会损毁你的健康，但是统计证明，**长期的孤独才是更猛烈的毒药。**

爱的博弈论 WHAT MAKES LOVE LAST

一段令人愉快的亲密关系对你的健康有益，而信任度低的婚姻会置人于死地。如果你感到自己的婚姻已经糟糕到了无可挽救的地步，结束它可以提升你的健康指数。

为孤独人群敲响警钟

孤独人群的死亡率相当高，这早已有记录可考。加州大学伯克利分校的学者丽莎·伯克曼（Lisa Berkman）博士和莱恩·塞姆（Len Syme）博士曾做过一个经典的流行病学研究，参与的被试多达 9 000 人。他们发现，**亲密的友谊或婚姻可以延长 10 年寿命。**而由洛伊丝·维尔布鲁根（Lois Verbrugge）博士进行的后续研究则证明，如果婚姻幸福，差别还会更大。在实验开始的

6 年之后，那些已经结婚或有可信赖的亲密朋友的人的存活率将近 80%；而那些没有这类社会联系的人的存活率只有 50%。即使是一段并不愉快的婚姻也能令人获益，对男性来说更是如此。所有的研究结果都显示，与糟糕的婚姻相比，长期孤独更可能大大缩短你的预期寿命。

到目前为止，科学家还不清楚孤独感和过早弃世在生物层面上的联系。但在这一领域，芝加哥大学社会心理学及心理生理学学者约翰·卡乔波（John Cacioppo）① 博士提出的领导理论认为孤独会导致动脉收缩，进而引发高血压。

我可不是在劝你要勉力维持无法挽回的婚姻以“保护”你的健康。应对这令人悲伤的统计数据的方法并非忍受痛苦的婚姻，而是要努力避免陷入与世隔绝的孤独。你可以开始一段全新的爱情，或者加强与朋友的联系，而不是关上大门，将世界隔绝在外。我在表 13—1 里列出了一位从糟糕婚姻中解脱的女性所面对的抉择以及可能的结果。她到底应不应该再次陷入爱河，信任他人？摆在她面前的是她一生中最重要的社交决定。她的选择很可能会影响她未来的健康状况和寿命。

表 13—1　　选择及影响

	托马斯值得信任	托马斯不值得信任
辛西娅信任托马斯，与他相恋、结婚	健康状况改善，病情缓解，个人财富增加，快乐，生活质量提高，长寿。孩子更有安全感，也更健康 回报：增加 15 年寿命（+15）	婚姻结束，或者继续维持，但是信任度很低。长期压力造成生理变化，比如高血压。负回报：就算得以脱身，也要减寿 4 至 8 年（–4～–8）
辛西娅不信任托马斯，决定不与他交往	长期孤独造成伤害，包括长期压力下的生理变化，比如高血压 负回报：减寿 10 年（–10）	她精于辨识不可信赖之人，也有能力与值得信赖之人诚心相交 回报：增加 15 年寿命（+15）（和我研究过的高度信任彼此的伴侣相同）

① 约翰·卡乔波作品《孤独是可耻的》，已由湛庐文化策划出版。——编者注

至于自认孤独者在总人群中所占的比例，或如此多的人似乎不愿结束孤独的原因，目前尚无可靠的统计研究可作解释。但我们已经知道，长期孤独的人群存在一些共同特征。尽管他们渴望受到关注、享有亲密关系，但他们识别谎言的能力实在太差。有时他们会接受不公平的待遇，仅仅是为了讨人喜欢；有时他们却极度怀疑那些其实值得信赖的人。他们总担心自己会遭到背叛，所以在与潜在伴侣建立亲密关系之前就将其推得远远的，所以他们陷入孤独无法自拔。

在卡乔波的实验中，他用核磁共振成像技术追踪大脑内的葡萄糖代谢过程。他发现，如果给被试看表情快乐的人物图片，孤独的人产生的愉悦感会比他人少；如果让他们想象某个社交场景，他们大脑中和恐惧有关的部分就会活跃起来。

如果你不确定谁可以信任，保持警惕当然合情合理——特别是当你过去至少有一段毒药般的婚姻作为“佐证”。但如果你的情况正是如此，我就要特别向你强调努力提高识人眼光的重要性。有研究表明，如果没有适当的外界干预，孤独感不会随着时间而消退。并且正如我们的所见所闻所显示的那样，孤独很可能会危害你的健康。

信任博弈

信任也难免会带来隐患。你可以对人不设心防，但你永远无法确保他（她）不会伤害你。**但是一般说来，信任总是值得的。**这不是什么老生常谈，而是可以被证明的事实。证据就存在于一系列常被称为**“信任博弈”（Trust Game）**的研究中。虽然这些研究的重点并不在于亲密关系本身，但其发现对于经营爱情来说同样适用。所谓信任博弈是这样进行的：某人——我们姑且称其为玛丽——拿到10元钱。她可以自己留下这笔钱，或者将其全部或部分送给一个陌生人——我们姑且称其为布鲁斯。玛丽知道，根据博弈规则，她给布鲁斯多少钱，布鲁斯都会收到3倍。如果她给他1元，他会拿到3元；如果给他5元，他会拿到15元。而之后如果布鲁斯将钱返还给她，她也会收到3倍。博弈到此为止。这个博弈只能进行一次。玛丽知道，布鲁斯可能1分钱也不打算还给她；或者，他也可能奉行利他主义或公平原则。那么，她应该冒险给他多少钱呢？回报可能是分文全无，也可能是十分丰厚。她的决定会反映出她的标准信任水平，因为她对他一无所知。

研究显示，在第一轮博弈中，几乎所有的“玛丽”都会或多或少送一笔钱给“布鲁斯”，价值一般会在5元左右。基于对布鲁斯的信任，认为他会投桃报李，和她共享利润，她愿意拿出一半财产来冒险。现在布鲁斯拿到了15元。他知道，他如果再送钱给玛丽，玛丽拿到的将会是3倍的数目。典型结果是，30个“布鲁斯”中，有18个会返还5元左右给玛丽。而玛丽得到的是3倍。所以玛丽付出5元，最后会收到15元的回报。而还有11个布鲁斯会将玛丽给他的钱原数归还。如果她之前给他8元，她就会收到24元，获得16元的纯利润。研究一再证明，玛丽越信任布鲁斯，她获得的利润也就越多。相较于不愿信任他人者，那些冒险相信他人者获得的回报要更多。

生活似乎也格外眷顾那些有足够勇气信任他人的人。但与此同时，我们也有必要知道什么时候应该保持审慎态度。要想磨砺你的信任雷达，你可以向那些有识人眼光的人士学习。这些特别精明的人往往拥有极为出色的社交才能。无论是在私密还是公众场合，他们都可以轻松与人交流。他们对于他人的默认设定就是“可以信任的”。但他们也绝不轻信他人。一旦出现值得怀疑之处，他们就会转而谨慎行事。

探查：如何辨别可信赖者与骗子

辨认骗子第1课：不值得信任的人只会考虑自己的利益。如果有人对你不公平，也不表现出任何友善之意，就不要相信他（她）——不管他（她）看起来多有吸引力。骗子们往往极富吸引力,而且看起来非常可信(想想伯纳德·麦道夫[①]吧!),所以我们常常会放松警惕,忽略我们平常不会遗漏的证据。

在细致地研究了信任与背叛后,我相信可以通过5条探查标准区分可信赖者和骗子。如果你遇到一个满足这些条件的人,我认为你可以慢慢地向他(她)打开心扉,这种冒险是值得的。但任何人也不能对此做出保证。然而,如果你能逐渐学会以公正、客观的眼光评鉴他人,时间一久,你很可能就会遇到某个你愿与他(她)倾心相交、共赴爱河的人。相反,如果有人经受不住下列任何一条标准的考验,请尽快绕道而行。

诚实

不要信任欺骗你的人。我们太常替他人找借口:这是我理解错了;她有她的苦衷;也不是那么糟糕;只有这一次而已。请擦亮眼睛看看吧:你的这位恋爱对象是否欺骗过你?你是否见他(她)欺骗过别人?你是否质疑过他(她)的说法,但是竭力说服了自己?如果真是如此,那就早点离开吧!

透明

伴侣之间应该没有秘密。你要确保这个你打算深入交往的人会带你见他(她)的朋友、家人和同事,而且他(她)也会向你坦言压力、抱负和目标。如果你问"刚才去哪了",他(她)在回答时不应有任何犹疑。

担当

有没有什么能证明这位候选者能信守诺言?就看你能不能检查他(她)的详细交易记录吧!无论是钱款交易还是别的什么。不要信任那些对此含糊其辞或者遮遮掩掩的人。如果有人回答"你只要相信我就好了",那么你一定要留心。值得信任的人不需要告诉你应该怎么想。

① Bernard Madoff,美国纳斯达克前主席。他曾涉嫌设计一种庞氏骗局(层压式投资骗局),令投资者损失超过500亿美元,已于2009年获判150年监禁。

道德

这个人的所作所为是否一贯公平、正义？他（她）表达的价值观是否与你相符？如果你对他（她）的道德观念感到不满，就不要让你们的关系深入。

盟友

未来伴侣应当认同你，对你鼎力支持——甚至是在最细微之处。你要证明他（她）并非只关心自己，也没有联合别人来反对你。你要证明他（她）将你的利益放在心里。如果有人对你展现出无私，就是一个绝佳的信号。

如果你依据这份一目了然的评价单对遇见的人加以品评，就能逐渐掌握考察他人的技巧。我并不认为练就识人眼光是一件轻而易举的事。但我敢肯定，学会再次信任他人，一定是值得的。

WHAT MAKES LOVE LAST

14

真爱矩阵

|你是否拥有值得信任的真爱|

HOW TO BUILD TRUST
AND
AVOID BETRAYAL

节目主持人常问我这样的问题：该如何定义爱情呢？我从研究中得出了什么智慧箴言？我为伴侣们提供的最佳建议其实并不是成功修复关系或避开捕鼠器的科学方法，而是要彼此尊重，为自己能融入对方的生命而心怀感激。我知道，将婚恋暴露在强硬刺眼的科学光芒之下难免会令人生畏，但我希望你们中仍然有人能借助本书的最后一个测试重新找回爱情。你可以把它看作对你们爱情联盟的最后一次检验。这是一份很长的问题清单，但就像爱情本身一样，值得费心经营。你可能会发现，你们的爱情或许会有倒退，有麻烦，有不满，但是你们之间的信任仍然稳固坚实，足以让爱情延续下去。如果并非如此……我也希望你能更加了解信任对于幸福的重要性，并知道如何在生活中寻求信任。

WHAT MAKES LOVE LAST 你们拥有真正的爱情吗

规则：

请完成每一道题目。SD：非常反对，D：反对，N：中立，A：赞同，SA：非常赞同。

1. 我完全信任我的伴侣。 SD D N A SA
2. 我的伴侣完全信任我。 SD D N A SA
3. 我在做爱时信任我的伴侣。 SD D N A SA
4. 和我的伴侣在一起时我很有安全感。 SD D N A SA
5. 和我在一起时我的伴侣很有安全感。 SD D N A SA
6. 我对我的伴侣有很强的吸引力。 SD D N A SA
7. 我的伴侣对我有很强的吸引力。 SD D N A SA
8. 我对我的伴侣没有秘密。 SD D N A SA
9. 我的伴侣对我没有秘密。 SD D N A SA
10. 我们都让对方感到非常舒服。 SD D N A SA
11. 我能感到伴侣对我的爱。 SD D N A SA
12. 我的伴侣给我带来了幸福。 SD D N A SA
13. 我给我的伴侣带去了幸福。 SD D N A SA
14. 我会说，我爱我的伴侣。 SD D N A SA
15. 我很肯定，我爱我的伴侣。 SD D N A SA
16. 我的伴侣肯定是爱我的。 SD D N A SA
17. 如果对我们的关系作损失 – 收益分析，收益一定占大头。 SD D N A SA
18. 我对伴侣信守承诺。 SD D N A SA
19. 我的伴侣对我信守承诺。 SD D N A SA
20. 我不想再和其他任何人做爱。 SD D N A SA
21. 我的伴侣不想再和其他任何人做爱。 SD D N A SA
22. 我的爱是无条件的（不基于任何外物）。 SD D N A SA
23. 我的伴侣的爱是无条件的（不基于任何外物）。 SD D N A SA
24. 我的伴侣常令我开怀大笑。 SD D N A SA
25. 我常令我的伴侣开怀大笑。 SD D N A SA
26. 我们不会让另一个心生嫉妒。 SD D N A SA
27. 我们喜欢亲吻对方。 SD D N A SA
28. 我们对彼此都有道德上的责任感。 SD D N A SA

29. 我们喜欢很多相同的东西。 SD D N A SA
30. 我喜欢我的伴侣思考问题的方式。 SD D N A SA
31. 我的伴侣喜欢我思考问题的方式。 SD D N A SA
32. 我喜欢我的伴侣品味和品尝食物的方式。 SD D N A SA
33. 我的伴侣喜欢我品味和品尝食物的方式。 SD D N A SA
34. 我们都尽力支持对方的工作。 SD D N A SA
35. 在一起，对我们来说是一件很简单的事。 SD D N A SA
36. 我们在经济上互相支持。 SD D N A SA
37. 我们常常分享快乐和激情。 SD D N A SA
38. 我喜欢我的伴侣对待他人的方式。 SD D N A SA
39. 我们常能安抚彼此。 SD D N A SA
40. 我们帮助彼此面对生活的压力和痛苦。 SD D N A SA
41. 我们帮助彼此成为我们想要成为的人。 SD D N A SA
42. 我们看出、了解并完善了彼此的优点。 SD D N A SA
43. 我们喜欢送礼物给对方。 SD D N A SA
44. 我们的生活对我们来说意义重大。 SD D N A SA
45. 在我需要的时候，伴侣总会在我身边。 SD D N A SA
46. 在我需要的时候，我可以向伴侣寻求帮助。 SD D N A SA
47. 我可以依靠我的伴侣。 SD D N A SA
48. 我对我的伴侣很有性吸引力。 SD D N A SA
49. 我能感到伴侣对我的渴望。 SD D N A SA
50. 我对我们的性生活感到满意。 SD D N A SA
51. 我们关心彼此的健康。 SD D N A SA
52. 如果我为我的伴侣做了什么，我知道他（她）会回报我。 SD D N A SA
53. 我们的共同生活有意义，有价值。 SD D N A SA
54. 我们的爱情史对我们来说意义重大。 SD D N A SA
55. 我们有一群我们都很关心的朋友。 SD D N A SA
56. 我们都了解彼此的直系亲属，也对他们看法一致。 SD D N A SA

57. 我的伴侣了解并尊重我的梦想。 SD D N A SA
58. 我了解并尊重我伴侣的梦想。 SD D N A SA
59. 我的伴侣了解并接受我的喜好。 SD D N A SA
60. 我的伴侣理解我。 SD D N A SA
61. 我们之间不存在不平等。 SD D N A SA
62. 我们帮助彼此治疗旧伤。 SD D N A SA
63. 我们了解并尊重对方的持续弱点。 SD D N A SA
64. 我能够控制自己的愤怒，不过多地伤害我的伴侣。 SD D N A SA
65. 我的伴侣能够控制住自己的愤怒，不过多地伤害我。 SD D N A SA
66. 我的伴侣对我不会过于戒备。 SD D N A SA
67. 我们接受对方的性格和缺点，以及所有的一切。 SD D N A SA
68. 我的伴侣接受我的影响。 SD D N A SA
69. 我们拥有平等的权利。 SD D N A SA
70. 我可以在伴侣面前做我自己。 SD D N A SA
71. 我喜欢和伴侣在一起时的我。 SD D N A SA
72. 我的伴侣能够承认错误。 SD D N A SA
73. 我们可以轻松地谈论任何事。 SD D N A SA
74. 在一起，对我们来说是件很容易的事。 SD D N A SA
75. 我们经常进行亲密的交谈。 SD D N A SA
76. 我喜欢爱抚我的伴侣。 SD D N A SA
77. 我的伴侣喜欢爱抚我。 SD D N A SA
78. 我的伴侣是我亲密的朋友。 SD D N A SA
79. 我们一生都了解并支持对方的梦想。 SD D N A SA
80. 我们在一起时有很多欢笑。 SD D N A SA
81. 我们对彼此的喜怒哀乐非常敏感。 SD D N A SA
82. 我们喜欢一起学习。 SD D N A SA
83. 我们会帮助彼此从疲劳中恢复过来。 SD D N A SA
84. 我喜欢我们的假期。 SD D N A SA

85. 我们在情感上很合拍。 SD D N A SA
86. 我们之间充满喜爱和依恋之情。 SD D N A SA
87. 我的伴侣敬慕和尊重我。 SD D N A SA
88. 我们尊重彼此的独立性。 SD D N A SA
89. 我们经常一起享受美食。 SD D N A SA
90. 我们会原谅彼此。 SD D N A SA
91. 我们总能战胜困难，我对此很有信心。 SD D N A SA
92. 我们的争执常常很有建设性。 SD D N A SA
93. 我们可以达成共识，一起解决问题。 SD D N A SA
94. 我们能够共同应对生活的重压。 SD D N A SA
95. 我们一直彼此吸引。 SD D N A SA
96. 我们喜欢一起计划，一起梦想。 SD D N A SA
97. 我觉得我们能应对一切变化。 SD D N A SA
98. 我们绝对是“我们”，而不是两个“我”。 SD D N A SA
99. 我的伴侣会顾及我的需要。 SD D N A SA
100. 在和我的伴侣分开时，我会很想念他（她）。 SD D N A SA
101. 在与伴侣重聚时，我通常都很开心。 SD D N A SA
102. 我想满足伴侣的需求。 SD D N A SA
103. 我的伴侣想满足我的需求。 SD D N A SA
104. 我们以公平之心处事。 SD D N A SA
105. 我们是一个真正的团队。 SD D N A SA
106. 我可以说出大把我的伴侣的优秀品质。 SD D N A SA
107. 我的伴侣也会发怒，但怒火通常很快就消散了。 SD D N A SA
108. 我的伴侣与我在感情上并不疏远。 SD D N A SA
109. 我能切身体会伴侣的痛苦。 SD D N A SA
110. 我的伴侣能切身体会我的痛苦。 SD D N A SA
111. 我们都认为我们比其他任何伴侣都要好。 SD D N A SA
112. 我们价值观相似。我的伴侣也尊重我的信念。 SD D N A SA

113. 我们有一样的目标，有一样的人生理想。 SD D N A SA
114. 我们热爱许多相同的事物。 SD D N A SA
115. 当我生病的时候，我的伴侣总会照顾我。 SD D N A SA
116. 当伴侣生病时，我总会照顾他（她）。 SD D N A SA
117. 我们有一个度假周期。我们都很看重它，并尽力维持。 SD D N A SA
118. 我们对“家是什么”有共同的认识。 SD D N A SA
119. 我们支持对方的文化和宗教观。 SD D N A SA
120. 我们的关系随着时间流逝而变得更好。 SD D N A SA

◎ **分数计算：**

回答为 SA 的问题数目是 ________。 乘以 5，结果为 ________。
回答为 A 的问题数目是 ________。 乘以 4，结果为 ________。
回答为 N 的问题数目是 ________。 乘以 3，结果为 ________。
回答为 D 的问题数目是 ________。 乘以 2，结果为 ________。
回答为 SD 的问题数目是 ________。 乘以 1，结果为 ________。
总数：________。

如果你和伴侣的得分都在 210 分或以上，你们的关系就绝对值得继续。

无论你们的得分如何，我都希望本书提供的研究和建议能给你一些启发，让你明白如何才能营造一段令双方都感到满意的关系，为你的人生增添特别的意义。**培养真正爱情的第一步是知道真正的爱情究竟是什么。你要了解它的全部，包括它的瑕疵和复杂性。第二步是尊重它。**这些年里，我见过太多人背离了他们的伴侣，摧毁了一段原本美好的恋情。我逐渐相信，爱情之路的最大障碍也许是某种“权利”感——他们觉得自己“应该拥有”“最完美的”伴侣，因此结束了婚姻。他们觉得最完美的伴侣绝不是自己的丈夫或妻子，而在茫茫人海中的某处，是这样吗？坦率地说：不是。没有一段长期关系是绝对完美的——不管是我们父母的，还是某位名人的，或是我们臆想中的。

别人的爱情故事永远不会和你的一样，这可是一件极好的事。要尊重并理解对方独特的天赋、弱点和癖好，要知道，真正的爱情正是由此编织而成的。你们的爱情之旅不会和其他任何伴侣一样，也正应该如此。

恋爱的状态并非静止不变，而是会随着时间变化的。路易斯·厄德里克（Louise Erdrich）在她的小说《踩影游戏》（*Shadow Tag*）中写道："为何我找不回爱情之初的感觉？迷恋，突然之间产生的吸引，它们部分源于对外表的狂热和认知的缺乏。坠入爱河，其实也是坠入认知。如果我们喜欢我们对另一个人的大部分认知，也能忍受他们无法改变的缺点，我们就拥有了可以延续的爱情。"*（这正强调了我的观点。）*

一段长期而有承诺的恋情中也少不了摩擦。对于我们自己造成的错误和令人后悔莫及的事故，我们只能接受。但是满怀爱意的婚姻或恋情会给予我们最美好的礼物，让我们的人生值得期许：清晰的未来，更健康的身体和更多的财富，当然还有爱的关怀。学会珍视另一半，也让他（她）珍视你，这是对生命最大的恩典。爱情是我们能拥有的最神圣的体验。要记住，为对方着想才能共建信任，怀有感激之心、珍视并尊重你们共同营造的一切才能巩固忠诚。《圣经》箴言篇第31章讲述了这样的道理：一位优秀的伴侣比红宝石还要珍贵。如果你拥有可以信赖的爱情，会在余生的每一天里享受美好，而非吞咽悔恨。

附录 1

亲密对话的4个补充技能

如果你不知该说些什么，试试下面的建议吧。

◎ 技能 1：把感受转换成词语

可选择的表述		
百味杂陈	愤怒	美丽
被抛弃	极度痛苦	蔑视
接受	恼怒	感到背叛
深情	冷漠	痛苦
恐惧	欣赏	自负
不安	感激	镇静
警惕	忧虑	接近
疏离	震惊	笨拙
孤独	迷惑	舒适
矛盾	腼腆	关心
有趣	身心俱疲	彼此相连
傲慢	愉悦	愤懑
挑剔	感到失败	焦躁不安
郁闷	感到像个无辜的受害者	义愤填膺
恶心	感到抱歉	浪漫

可选择的表述		
不喜欢	感到在争论	性感
距离	感觉天塌下来了	羞耻
疲惫不堪	分离	惊骇
振奋	感觉像撞上了什么东西	害羞
自由自在	感到没有一点力气	成功
帅气	就像我想成为的那样	吃惊
快乐	好战	紧张
淫荡	感觉像踢到了什么	疲倦
饥饿	受欢迎	宽容
我不确定我的感觉	寂寞	稳定
想要维护自己的权益	被宠爱	不被接受
敬畏	被误解	不被欣赏
难以置信	忽视	没有吸引力
有灵感	后悔	不舒服
被侮辱	被拒绝	理解
过敏	放松	烦恼
愤怒	释然	

◎ **技能 2：提问**

- 你现在感觉怎么样?
- 还有其他什么感觉?
- 你现在最需要什么?
- 实际上你最想要什么?
- 事情是怎么变成这样的?
- 你讲述的这些感受中最主要的是什么?
- 你现在最想说什么，对谁说?
- 你最怕想到的感觉是什么?
- 你有百味杂陈的感觉吗？是哪些?
- 你怎样看待自己的选择?
- 你的选择的优缺点各是什么?

- 你认为这影响了我们的关系或者别的关系吗?
- 你觉得自己过去应该做一些不一样的事吗?
- 你在这里承担着什么样的责任?
- 你是否要作出选择? 什么样的选择?
- 你真正想问我的是什么?
- 你的价值观帮你作出了什么判断?
- 想一个你真正仰慕的人。在这种情况下他会怎么做，他会怎么看?
- 这种感觉和需求对于你来说有精神、道德、伦理或宗教层面的意义吗? 是什么?
- 这里有任何人或事你想要反对吗? 是谁或是什么?
- 这里有任何人或事让你仰慕吗? 是谁或是什么?
- 你从这里学到了什么吗? 是什么?
- 谁会成为这里受影响最深的人? 他们会受什么影响? 为什么?
- 这会让你想起以前经历过的其他事吗? 是什么事?
- 现在提起这件事对你来说意味着什么?
- 这对你的自我认同和自我评价有什么影响?
- 这种情景对你有什么触动?
- 这种情景会让你发生什么改变?
- 你改变了多少? 你正在发生多大的改变? 这对你现在的处境有什么影响?
- 这些是怎么开始的? 最开始的情况是怎样的?
- 你现在主要的反应或者抱怨是什么?
- 你觉得现在最该怪谁?
- 你觉得在接下来的 5 年里事情会怎样解决?
- 你希望在接下来的 5 年里怎样解决事情?
- 假设你现在只剩下 6 个月的生命。对你来说最重要的是什么?
- 你现在的目标是什么?
- 你觉得这件事是怎样融入你的整个生活的?
- 如果有的话，是什么让你这么生气?
- 你觉得“应该”怎样? (比如你应该承担什么责任?)
- 最让你感到扫兴的是什么?
- 你觉得自己身上有矛盾之处吗? 哪些地方?

◎ **技能 3：探求更多**

- 告诉我事情的来龙去脉。
- 我想知道你的所有感觉。
- 对我说，我在听。
- 现在除了听你说话以外没什么更重要的事了。
- 我们有时间从头道来。
- 告诉我你最看重的是什么。
- 告诉我你现在需要什么。
- 告诉我你现在有什么选择。
- 不知道该做什么没关系，但来猜一下吧！
- 我想你已经很清楚了，请继续说吧。
- 告诉我你现在所有的感觉。
- 多说一点，让我多了解一些你现在的感受。
- 我想你现在已经想到一些解决办法了。告诉我你想到了什么。
- 你得帮助我了解怎样从你的角度看待这种情况。对你来说最重要的是什么？
- 告诉我你最关心的是什么。
- 告诉我你是怎样看待这种情况的。
- 告诉我你觉得你必须做出什么决定。
- 如果你能够改变在这种情况下某个关键人物的态度，你会怎么做。

◎ **技能 4：表达共情**

- 你非常重要。
- 我了解你的感觉。
- 你肯定感到特别绝望。
- 你说这个的时候，我能感到你特别绝望。
- 你遇到了麻烦。
- 我能感觉到你有多痛苦。
- 在你这么痛苦的时候，世界需要停一停。
- 你要是不用经历这一切该多好。
- 我站在你的一边。
- 我要是和你在一起就好了。

- 噢，听起来糟透了。
- 你一定觉得很无助吧。
- 我都不忍心听下去了。
- 我支持你。
- 我完全同意你的看法。
- 你肯定觉得麻烦缠身。
- 你说得完全正确。
- 听起来你被恶心到了。
- 怪不得你这么心烦。
- 我也这么觉得。
- 我想你是对的。
- 我能感受得到，你很痛苦。
- 要是没有这些事该多好。
- 那肯定烦死你了。
- 那肯定也会把我逼疯的。
- 那太让人恼火了。
- 听起来太让人沮丧。
- 好恐怖。
- 嗯，你说的我基本都同意。
- 我也会为这种事失望的。
- 这种事也会伤我的心。
- 我也会为这种事难受的。
- 可怜的宝贝儿。
- 噢！那肯定很让你伤心！
- 好吧，我想我懂了，所以你的感觉是……
- 所以你的意思是……
- 我也应付不了这种事。
- 我最欣赏你的地方是……
- 那会让我失去安全感。
- 听起来有点可怕。

附录 2
冲突解决工具包

下面是一些帮助你在不同阶段把想法和感受转变成语言的方法。

◎ **第1步：我现在的感受**

可选择的表述		
防卫	不被倾听	受伤
怒不可遏	愤怒	伤心
不被爱	被误解	被批评
被你的抱怨侮辱	你好像一点都不喜欢我	不在乎
担心	害怕	缺乏安全感
紧张	我是对的，你是错的	我们都只有部分正确
失控	受挫	义愤填膺
道德正确	被不公平地指责	不被欣赏
不被喜欢	没有吸引力	愚蠢
愤慨	想当然	想离开
想留下来谈谈	情绪极为激动	不平静
顽固	无能为力	没有任何影响力
这次我想赢	我的想法不重要	我根本没有任何感觉
我也不知道自己有什么感觉	寂寞	被疏远
坚定不移	负罪感	

◎ **第2步：我的需要**

下面是常见的一些需要。承认你那时的所有感觉,共情地倾听伴侣的描述。

可选择的表述		
被倾听	被接纳	得到帮助
感到被理解	你确认我的感觉	你发起性行为
更多拥抱	你知道什么时候觉得我无法抗拒	更多地谈论孩子
你就我的希望和抱负问更多的问题	和你谈谈	跟你讲讲我的一天
我们在温暖和爱意中重聚	你更爱我，更多地触摸我	你在结束一天工作后见我时看起来很愉快
你询问我的工作情况	在和我说话时你放下报纸、离开电脑或者电视	足部按摩、背部按摩或全身按摩
你做家务，让我休息一会儿	你夸我漂亮	在我叫你名字时你回答
一段浪漫的开车兜风或假期	去餐馆或者看电影	一起泡澡
每周做一次饭或者叫一次外卖	见我的朋友	一起冒险
独处的时间	感到你欣赏我做的事情	感到你珍视我

◎**第3步：触发**

什么会触动你们的按钮，增加你们的互动？

我感到：

可选择的表述		
被排斥	无能为力	不被倾听
不能寻求我需要的东西	被责骂	被评判
被羞辱	被蔑视	得不到你的爱
不安全，恐惧	不信任你	不被关心
当我脆弱需要你的时候，你没有回应	我不能只是表达我的情绪而不让你生气	我又一次扮演了坏人的角色，而你是无辜的
不被在乎	不被爱	对我来说太不公平了

可选择的表述		
你生气或者大叫让我很苦恼	你的悲伤和绝望让我很苦恼	陷入麻烦
你对我没有热情	我不能索取我想要的	总是一个人
被控制	被操纵	

◎**第4步：承担责任**

表达出你在这场争吵或者沟通不善的经历中承担了什么责任。

可选择的表述		
非常易怒	没有表达出我对你的欣赏	对你太想当然了
太敏感	太挑剔	没有和你分享足够多的内心世界
情绪难以捉摸	太容易逃避	容易心烦
感到郁闷	我觉得窝了一肚子火	不够深情
没有时间一起分享乐趣	不是个好听众	没有索取我需要的
感觉有点小题大做	感觉我需要一个人待着	没兴趣关心别人
太忙	非常专注	对自己不自信
缺乏热情		

道歉：对不起，我……

可选择的表述		
反应过度了	脾气太差了	说得太刻薄了
伤害了你的感情	太迟钝了	太自私了
太不冷静了	把事情搞大了	大喊大叫
总是打扰你	太不专心了	没有听你说话

总结：我对这种事件的特别贡献在于……

◎**第5步：怎样把事情变得更好？**

当类似问题再出现时，把你的伴侣应该做的事写下来？写下你自己能做的吧！

WHAT MAKES
LOVE LAST

附录 3

为什么不做爱了：从博弈论开始的分析

在美国人的卧室里究竟发生了什么？没什么，越来越多的研究发现，因为某些原因，在长期婚恋关系中，性生活减少的现象越来越普遍了。尽管原因不明，但专家常常将此归咎于女性缺乏热情。要么说女性的性欲下降，要么说她们把精力放在孩子身上而不是婚恋关系上。制药公司发现了这种欲望的差异，争相成为第一种女性伟哥类产品的制造者。但女性真的需要药物来帮助她们进入状态吗？我不这么认为。这个问题的解决方式简单到难以置信。我用博弈论的方法找到了它——就像我研究信任和背叛那样。这种方法得出的结论可以帮助每对伴侣重新点燃爱火——没有人需要为了这些福利去解码数学公式。

下面，我就告诉你我是怎么用博弈论解决这个常见悖论的。有意思的是：经常做爱的伴侣中的一方从不会因对方拒绝而发怒，或者排斥或惩罚对方。说“不”的一方一定不会收到任何负面效益。事实上，拒绝的一方甚至还会得到很多正面收益。

设想这两种场景：伊恩正兴致勃勃，但艾米却没有。他知道他不得不接受艾米的拒绝，但是他感觉很糟。他坚信艾米拒绝了他的正当权利。如果他不能让艾米改变，不论他做出什么消极反应，他对艾米的惩罚都传递出这样的信号：你不能对我说不。当然，这绝不会让艾米燃起兴趣，只会造成相反的效果，让他们之间的愤懑和紧张升级，还可能会让艾米下次更没兴趣做爱。

另一种场景：当艾米拒绝了做爱的请求，伊恩接受了。就像刚才一样，他没有怀恨在心。没有把做爱看成自己的正当权利。艾米甚至从说“不”中得到了一点正面收益。下面的例子是一个经得起时间考验的场景：

艾米：今晚不行。我头疼。

伊恩：可怜的宝贝。我完全理解。我爱你。

伊恩关切的回答和传统的回答“你怎么老头疼”大相径庭。这种回答方式也更加有效。拒绝得到正面收益并没有让艾米以后变得更容易拒绝。相反，这种收益强化了伊恩对她的爱。这才是他们性生活的核心，这才叫“做爱”而不只是提高了性宣泄的频率。从本质来讲，艾米对性行为说“不”，伊恩的回答让她得到了被爱的感觉。我们都知道，在一个充满关爱的气氛中，性行为才会变得更频繁。在互信的婚恋关系中，性行为并不是为了满足色欲。更多的时间里，性行为是在制造爱。

但是不要因此就接受我所说的话。我们用数字说话。

混合策略下的收益

我们知道博弈论的基本观点是人们根据他们获得的收益来评估他们和其他人的交易。尽管我们可能没有察觉，但我们每时每刻都在给婚恋关系打分。比如一对伴侣经过漫长的一天后终于见面了。丈夫给了妻子一个灿烂的笑脸，妻子却三心二意地回了一个。他们双方都会对彼此的回应打分。换句话说，他们会把这个微笑和对方的其他微笑以及其他人（甚至想象出来的其他人）的微笑作比较。妻子可能会想："他给了我一个多么灿烂的笑脸啊。我不能想象其他任何人看到我会这么高兴。"但是丈夫可能会想："她这次没有以前笑得开心。我甚至能想象其他人打招呼时给我的微笑都比这个显得高兴。"

如果我们用分数来计算这些评价，就可以画出一张小表格，类似我们在第1章中给阿尔和珍妮分配家务活而画的那个。我们将这种类型的表格称为"收益表格"。它显示出每个人在交易中的收益。

我们会用 –5 到 +5 之间的数值计分。妻子觉得丈夫的微笑很棒，所以她给了 +5 分。但是丈夫给了妻子 –3 分，见表 F3—1。

表 F3—1　　夫妻笑容回报率

	她回报的笑容
他的笑容	收益 =[–3,+5]

博弈论用这种表格分析行为。它创造了不同的情景，或称"博弈"，然后计算每位玩家的相关收益。这取决于他们追求的策略。一种博弈被称为"猎鹿"，这是一种协作，而不是竞争，所以非常符合现在的状况。

海斯特和她的丈夫维克多进入了丛林。他们可以选择猎兔或者猎鹿。他们必须同时做出选择，而不能商量。计分方式如下：猎鹿需要两个人。所以如果一个人在另一个人选择猎鹿时选择去猎兔，那么他就能抓到所有的兔子（+2），猎鹿者就只能空手而归（0）。如果他们能够联合起来猎鹿，就可以分别得到3分。如果他们一起去猎兔，就得分享战利品，所以每个人得1分。得分方式呈现在表 F3—2 中。（括号中的第一个数字代表维克多的收益，第二个代表海斯特的。）

表 F3—2　　维克多和海斯特的收益

	海斯特猎鹿	海斯特猎兔
维克多猎鹿	[3,3]	[0,2]
维克多猎兔	[2,0]	[1,1]

为了便于分析这个博弈，我们先从维克多的角度看待这个局面。既然海斯特的收益暂时和我们无关，我就在下面的表 F3—3 用问号（？）表示。

表 F3—3　　海斯特猎鹿时维克多捕猎的收益

	海斯特猎鹿
维克多猎鹿	[3*,?]
维克多猎兔	[2,?]

猎鹿比猎兔可以得到更多分，所以我们在这个选择后面打上一个星（*）。在博弈论的语境下，我们说猎鹿比起猎兔对维克多来说更具有“严格优势”。这显然是个更好的选择。

现在，让我们从表 F3—4 来看看海斯特选择猎兔对维克多的影响。

表 F3—4　　海斯特猎兔时维克多捕猎的收益

	海斯特猎兔
维克多猎鹿	[0,?]
维克多猎兔	[1*,?]

在这种情况下，猎兔比猎鹿对维克多来说更具有“严格优势”。我们现在来从海斯特的角度看一看。对于海斯特来说，如果维克多猎鹿，她的最佳选择也是猎鹿，如表 F3—5 所示。

表 F3—5　　维克多猎鹿时海斯特捕猎的收益

	海斯特猎鹿	海斯特猎兔
维克多猎鹿	[?,3*]	[?,2]

如果维克多猎兔，海斯特面临的状况如表 F3—6 所示。

表 F3—6　　维克多猎兔时海斯特捕猎的收益

	海斯特猎鹿	海斯特猎兔
维克多猎兔	[?,0]	[?,1*]

把这些小表格合并成一张大表 F3—7。

表 F3—7　　维克多和海斯特捕猎的收益

	海斯特猎鹿	海斯特猎兔
维克多猎鹿	[3*,3*]	[0,2]
维克多猎兔	[2,0]	[1*,1*]

你会发现有两个格子都打了星号——这就是玩家的最佳结果。我们把这种双星格子称为博弈的“解”。为什么？因为这表示在这种情况下没有一个玩家能够在只改变自己的情况下做出更好的选择。比如，让我们看都去猎鹿的格子（3*,3*）。如果维克多改去猎兔，他的收益就会从 3 降到 2，不是个好选择。海斯特也会面临同样的结果。（3*,3*）格子就被称为博弈的“纯策略”纳什均衡。没有人能够仅凭自己换用另一种策略就做得更好。

另一个解（1*,1*）也被认为是一个纯策略纳什均衡，尽管玩家双方得到的分数更低。如果维克多改去猎鹿，他的分数就会从 1 变成 0，不是个好策略。对于海斯特来说，擅自改主意也不是一个好选择。

现在我们有了基本原则，让我们看看如果海斯特和维克多一遍遍地进行这个博弈并且使用各种策略搭配会发生什么。重复博弈后的情况有点类似真实婚恋关系中的伴侣，因为他们在生活中有过一次又一次的博弈。例如，他们有一半时间同时选择猎鹿或者猎兔，但实际上我们可以通过彼此的角度找到最佳的重复策略（称为混合策略）。

我们假设维克多决定去猎鹿的可能性为 $\sigma_{\text{鹿}}$（字母“σ”表示可能性），猎兔的可能性为（$1-\sigma_{\text{鹿}}$）。然后，如果维克多猎鹿的可能性是 $\sigma_{\text{鹿}}$，猎兔的可能性是（$1-\sigma_{\text{鹿}}$），那么，如果海斯特猎鹿，她的期望收益（EP）则为：

$$EP_{\text{海斯特猎鹿}}=(3)(\sigma_{\text{鹿}})+(0)(1-\sigma_{\text{鹿}})$$

如果海斯特猎兔：

$$EP_{海斯特猎兔} = (2)(\sigma_{鹿}) + (1)(1-\sigma_{鹿})$$

现在如果我们设 $EP_{鹿}=EP_{兔}$，那么维克多的行为对海斯特的收益就没有影响，不管他怎么混合选择。所以维克多的混合选择对于海斯特是可接受的（达到了她的无差别点）。

$$(3)(\sigma_{鹿}) + (0)(1-\sigma_{鹿}) = (2)(\sigma_{鹿}) + (1)(1-\sigma_{鹿})$$

$$3\sigma_{鹿}=1+\sigma_{鹿}$$

$$2\sigma_{鹿}=1$$

$$\sigma_{鹿}=1/2$$

所以，如果维克多猎鹿的概率为 1/2，猎兔的概率也为 1/2 的话，海斯特就不会在意他的选择。维克多的选择不会影响她的收益。所以混合策略而非纯策略，对维克多来说是一种纳什均衡。

为了达到均衡，类似的计算显示，混合策略在另一种情况下同样有效。如果海斯特猎鹿和猎兔的概率都是 1/2，维克多的选择对结果没有影响。所以当每个人猎鹿和猎兔的概率都是 1/2 时，这些选择就是一个混合策略纳什均衡。

零和博弈

在“胜者通吃”的博弈中，收益表的每个格子中都存在一个赢家和一个输家。在下面的例子中，两位玩家同时移动桌子上的扑克牌，结果如表 F3—8 所示。

表 F3—8 玩家收益

	她向左	她向右
他向上	[3,–3]	[–2,2]
他向下	[–1,1]	[0,0]

这种博弈不存在纯策略纳什均衡——双方都不可能同时获得最大收益。但是，我们现在来看混合策略均衡。双方基于特定的概率做出选择。（我们再次假设博弈有很多轮。）他用抛硬币的方法决定向上还是向下。结果是，他随机选择每个选项的概率都是 50%。所以她向左的期望收益就是：

$$EP_{左}=(0.5)(-3)+(0.5)(1)=-1$$

向右，她的期望收益为：

$$EP_{右}=(0.5)(2)+(0.5)(0)=1$$

所以，如果他掷出无偏硬币来决定向上还是向下，她就应该采取向右的纯策略，因为这样的期望收益大于向左的。既然他知道这些，就不会用掷硬币的方法随机选择了。

就像我们看到的这样，博弈论的分析让我们可以用代数的方法计算怎样才能得到理想的纳什均衡。我们又找到了博弈者在对手采取纯策略时的无差别点。他向上的概率变成了我们需要求解的未知数 $\sigma_{上}$。如果他向上的概率是 $\sigma_{上}$，我们就知道他向下的概率必然是（$1-\sigma_{上}$）。所以我们可以计算出另一位玩家（“她”）的期望收益：

$$EP_{左}=(\sigma_{上})(-3)+(1-\sigma_{上})(1)=-4\sigma_{上}+1$$
$$EP_{右}=(\sigma_{上})(2)+(1-\sigma_{上})(0)=2\sigma_{上}$$

我们现在要设 $EP_{左}=EP_{右}$ 来找到让她可以不在乎他作何选择的 $\sigma_{上}$。得出等式：

$$EP_{左}=EP_{右}$$
$$-4\sigma_{上}+1=2\sigma_{上}$$
$$1=6\sigma_{上}$$

$$\sigma_{上}=1/6$$

总结，如果他向上的概率是 1/6，向下的概率是 5/6，她无论怎样选择都可以达到同样的期望收益。他采用这种混合策略时，她向左还是向右都不会得到更高的分数。

现在让我们跳过这些来从她的角度看他的收益。为了能让他在她的混合策略面前随意选择，她向左的概率是 $\sigma_{左}$，向右的概率是（$1-\sigma_{左}$）。我们从他的期望收益开始：

$$EP_{上}=(\sigma_{左})(3)+(1-\sigma_{左})(-2)=5\sigma_{左}-2$$
$$EP_{下}=(\sigma_{左})(-1)+(1-\sigma_{左})(0)=-\sigma_{左}$$

接着，我们用这个等式找到他达到无差别点时的概率 $\sigma_{左}$：

$$EP_{上}=EP_{下}$$
$$5\sigma_{左}-2=-\sigma_{左}$$
$$6\sigma_{左}=2$$
$$\sigma_{左}=1/3$$

我们发现如果她向左的概率是 1/3，向右的概率是 2/3，那么她的混合条件策略选择对他没有影响。

当我们把他们双方的混合策略联系起来，就得到了这个博弈的混合策略纳什均衡。所以即使没有纯策略纳什均衡，博弈中也可以有混合策略纳什均衡。

这种混合策略也会影响婚恋关系。婚恋关系中的行为也是频繁且有一定概率的交易。即使当纯策略博弈不能解决时，博弈中也可以有纳什均衡，这真是个好消息。这样我们就可以把它应用到婚恋关系中，判断是接受还是拒绝做爱的邀请。

接受还是拒绝性行为

让我们回到艾米和伊恩的例子上。每一天，他们中的一个都会对另一个发起性行为。假设他们的收益相等，那么收益如表 F3—9 所示。

表 F3—9　**伊恩和艾米的收益**

	艾米接受性行为	艾米拒绝性行为
伊恩接受性行为	[5,5]	[-1,1]
伊恩拒绝性行为	[1,-1]	[0,0]

伊恩和艾米都接受性行为时，分别会给出最高分（5,5）。他们喜欢做爱，并且希望做很多。他们都拒绝性行为时也会给出低分（0,0）。这说得通。在“混搭”的格子中，如果艾米接受而伊恩拒绝，艾米就会因为被拒绝而不高兴，所以她得到的收益为 -1，而伊恩得到 1。这说明她有被拒绝的感觉，他感觉良好。相应地，如果艾米拒绝而伊恩接受，艾米就得到 1，而伊恩得 -1。这个多次重复概率看起来是一种合理的心理设置，符合我们对伴侣的假设。

所以这里的纯策略纳什均衡——让他们都得到最优解的方法是什么？实际上只有一个。让我们从伊恩的角度看这两个选择，见表 F3—10。

表 F3—10　**伊恩接受**

	艾米接受	艾米拒绝
伊恩接受	[5*,?]	[-1,?]

显然，表示最佳结果的星号标注在 5 后。如果他拒绝，请看表 F3—11。

表 F3—11　**伊恩拒绝**

	艾米接受	艾米拒绝
伊恩拒绝	[1*,?]	[0,?]

星号在 1 后。从艾米的角度看，见表 F3—12。

表 F3—12 艾米接受

	艾米接受
伊恩接受	[?,5*]
伊恩拒绝	[?,–1]

星号显然在 5 后。如果她拒绝性行为，见表 F3—13。

表 F3—13 艾米拒绝

	艾米拒绝
伊恩接受	[?,1*]
伊恩拒绝	[?,0]

这次星号在 1 后。所以把它们合并为表 F3—14。

表 F3—14 伊恩和艾米的选择

	艾米接受性行为	艾米拒绝性行为
伊恩接受性行为	[5*,5*]	[–1,1*]
伊恩拒绝性行为	[1*,–1]	[0,0]

所以，只有一种纯策略纳什均衡，就是他们都接受性行为。这并不让人感到惊讶。到现在为止，一切都说得通。但我们现在要知道双方接受性行为的概率和伴侣对性行为频率的期望。我们可以通过下面的表 F3—15 和表 F3—16 计算出伊恩的无差别点。

表 F3—15 伊恩接受

	艾米接受	艾米拒绝
伊恩接受	[5,?]	[–1,?]

表 F3—16 伊恩拒绝

	艾米接受	艾米拒绝
伊恩拒绝	[1,?]	[0,?]

$$EP_{艾米同意}=5\sigma_{同意}+(-1)(1-\sigma_{同意})$$

$$EP_{艾米拒绝}=1\sigma_{同意}+(0)(1-\sigma_{同意})$$

若要伊恩达到无差别点，则 $EP_{艾米同意}=EP_{艾米拒绝}$

$$5\sigma_{同意}-1+\sigma_{同意}=\sigma_{同意}$$

$$5\sigma_{同意}=1$$

$$\sigma_{同意}=1/5$$

如果让伊恩的收益达到无差别点，那么艾米的混合策略就是 1/5 的时间里接受性行为，其他 4/5 的时间里拒绝。那么伊恩的混合策略该是什么呢？通过表 F3—12 与表 F3—13 计算如下：

$$EP_{伊恩同意}=5\sigma_{同意}+(-1)(1-\sigma_{同意})$$

$$EP_{伊恩拒绝}=1\sigma_{同意}+(0)(1-\sigma_{同意})$$

若要艾米达到无差别点，则 $EP_{伊恩同意}=EP_{伊恩拒绝}$

$$5\sigma_{同意}-1+\sigma_{同意}=\sigma_{同意}$$

$$\sigma_{同意}=1/5$$

如果伊恩在 1/5 的时间里同意性行为，4/5 的时间里拒绝，那么艾米就会达到收益的无差别点。好吧，我们终于找到了混合策略纳什均衡。太好了！

根据这张收益表，他们实际的性行为频率会是怎样的呢？既然他们双方都必须接受性行为的发生，双方同时接受的概率是（1/5）（1/5）=1/25=0.04，也就是 4%。在一年的 365 天里，他们大约会有 15 天进行性行为（差不多 3 周 1 次）。对于这对伴侣来说出奇地低。既然他们已经建立起一个合理的心理模型，那么问题在什么地方呢？

现在我们往好处看。我们再来看看最初的博弈论表格，用变量 r 来表示拒绝性行为的收益，见表 F3—17。

表 F3—17 拒绝的收益

	艾米接受性行为	艾米拒绝性行为
伊恩接受性行为	[5,5]	[r,r]
伊恩拒绝性行为	[r,r]	[0,0]

对于艾米来说，混合等式就变成了：

$$5\sigma_{同意}+(r)(1-\sigma_{同意})=(r)(\sigma_{同意})+(0)(1-\sigma_{同意})$$

$$\sigma_{同意}(5-2r)=r$$

$$\sigma_{同意}=r/(5-2r)$$

如果我们想让 $\sigma_{同意}=0.5$，那么 r 必须为 1.25。对于伊恩来说等式也是一样的。所以如果我们让 r=1.25，他们性行为的概率就是（1/2）（1/2）=0.25。这就是说如果 r=1.25，那么他们一年就会有 91 次性行为——大约每周 1.8 次。

这个数字和在全美范围内进行统计得到的平均值十分接近。如果把 r 设定得更高（也就是让拒绝的收益变大），那么他们的性行为就会更加频繁！比如，如果 r=1.53，那么 $\sigma_{同意}=0.80$。艾米 80% 的时候都会同意。所以他们性行为的次数就是 0.8×0.8×365=233 天 / 每年，也就是 1 周 4 次。对于伊恩和艾米来说简直太好了。

这个结果表明，伴侣要想有更多的性行为，他们中的任何一个完全可以——甚至最好——经常拒绝。实际上说“不”反而会得到正面收益。这个结果可能会让你震惊，但在数学上是合理的。

我知道很多人觉得这件事非常复杂，很难理解。但是我们计算的这个解并不复杂。这种博弈论的分析给欲望减退的伴侣提供了一种简单的方法。如果你们中的任何一个人可以说“今晚不行”，就会有更多个“今晚可以”在等着你们。不需要女性伟哥，只要变得更敏感一点。

WHAT
MAKES
LOVE LAST

译者后记

如果只要有爱就可以化解世界上的一切恩怨，那么人间到处都将充满“王子与公主从此幸福地生活在一起”的故事。然而，现实从来不是童话，当年轻人经历过暗恋、早恋、暧昧、地下情、异地恋、父母反对、裸婚等一系列的艰难险阻而终于许下诺言，甚至步入婚姻殿堂之后，才会发现青春爱情文学的结束只不过意味着家庭伦理剧的开始。

这些以爱的名义开始的故事，为什么不都能拥有幸福美好的结局呢？因为我们不懂得如何去爱。爱是一个复杂的概念，它包括了喜、怒、哀、乐等所有人类情绪，也包括了自我意识、利他、合作等所有人类行为。从寄托于超自然的占卜到依靠个人经验的爱情顾问，人们试图使用各种办法去破解爱情和婚恋关系中的秘密。

心理学家当然不会放弃使用科学的方法来解决这个问题的努力。本书作者，拥有数学背景的美国心理学家约翰·戈特曼在研究方法上可以算作其中的典范。他并非仅仅凭借自己的经验提出建议，而是用数学的方法建立理论模型，并实际调查了大量样本来验证自己的理论。他没有简单听信某个人的一面之词，而是把伴侣们请到他的“爱情实验室”，通过录像进行评价。通过这样在大量而客观的观察中得到的经验，戈特曼发现，其实在新婚之时便能够通过伴侣双方的简单互动预测出他们之间的爱情的未来。

很难想象，除了父母之外还会有另一个人能容忍自己的小脾气和臭毛病，几十年也不嫌弃。当海誓山盟的激情退却，只有了解柴米油盐才能让生活有滋有味。戈特曼正是这样的一个人。他用科学的方法分离出爱情中的关键因素——信任，关键时间——滑动门时刻，以及关键信号——消极对比，并给出了改善建议。每个人都能在书里找到自己甚至父母的影子。翻译这本书时，我常常感到，如果早一点看到它，当初的结局也许会更好。

虽然也有学者对戈特曼的研究方法提出了一些质疑，但这不足以否定他在婚恋心理学上的重要贡献。戈特曼的理论让无数家庭得到了幸福，可谓是真正的“科学爱情指南”。

很荣幸有机会翻译这本书，将戈特曼的研究成果介绍给更多国人。如有纰漏，欢迎指正。感谢魏旻萱、方海朝、赵品良、刘黎、黄碧凝、甘丽和张帆对本书的翻译所提供的帮助。

未来，属于终身学习者

我这辈子遇到的聪明人（来自各行各业的聪明人）没有不每天阅读的——没有，一个都没有。巴菲特读书之多，我读书之多，可能会让你感到吃惊。孩子们都笑话我。他们觉得我是一本长了两条腿的书。

——查理·芒格

互联网改变了信息连接的方式；指数型技术在迅速颠覆着现有的商业世界；人工智能已经开始抢占人类的工作岗位……

未来，到底需要什么样的人才？

改变命运唯一的策略是你要变成终身学习者。未来世界将不再需要单一的技能型人才，而是需要具备完善的知识结构、极强逻辑思考力和高感知力的复合型人才。优秀的人往往通过阅读建立足够强大的抽象思维能力，获得异于众人的思考和整合能力。未来，将属于终身学习者！而阅读必定和终身学习形影不离。

很多人读书，追求的是干货，寻求的是立刻行之有效的解决方案。其实这是一种留在舒适区的阅读方法。在这个充满不确定性的年代，答案不会简单地出现在书里，因为生活根本就没有标准确切的答案，你也不能期望过去的经验能解决未来的问题。

而真正的阅读，应该在书中与智者同行思考，借他们的视角看到世界的多元性，提出比答案更重要的好问题，在不确定的时代中领先起跑。

湛庐阅读 App：与最聪明的人共同进化

有人常常把成本支出的焦点放在书价上，把读完一本书当作阅读的终结。其实不然。

时间是读者付出的最大阅读成本

怎么读是读者面临的最大阅读障碍

“读书破万卷”不仅仅在“万”，更重要的是在“破”！

现在，我们构建了全新的“湛庐阅读”App。它将成为你“破万卷”的新居所。在这里：

- 不用考虑读什么，你可以便捷找到纸书、电子书、有声书和各种声音产品；
- 你可以学会怎么读，你将发现集泛读、通读、精读于一体的阅读解决方案；
- 你会与作者、译者、专家、推荐人和阅读教练相遇，他们是优质思想的发源地；
- 你会与优秀的读者和终身学习者为伍，他们对阅读和学习有着持久的热情和源源不绝的内驱力。

下载湛庐阅读 App，
坚持亲自阅读，
有声书、电子书、阅读服务，
一站获得。

图书在版编目（CIP）数据

爱的博弈：建立信任、避免背叛与不忠 /（美）戈特曼，（美）西尔弗著；穆君，伏维译．—杭州：浙江人民出版社，2014.1（2022.12重印）

ISBN 978-7-213-05865-3

Ⅰ．①爱… Ⅱ．①戈… ②西… ③穆… ④伏… Ⅲ．①爱的理论 Ⅳ．① B82

中国版本图书馆 CIP 数据核字（2013）第 275564 号

浙江省版权局
著作权合同登记章
图字：11-2013-227 号

上架指导：婚姻家庭 / 心理学

爱的博弈：建立信任、避免背叛与不忠

作　　者：［美］约翰·戈特曼　娜恩·西尔弗　著
译　　者：穆君　伏维　译
出版发行：浙江人民出版社（杭州体育场路 347 号　邮编　310006）
市场部电话：（0571）85061682　85176516
集团网址：浙江出版联合集团　http://www.zjcb.com
责任编辑：金　纪
责任校对：朱晓阳　王欢燕
印　　刷：石家庄继文印刷有限公司
开　　本：710mm ×965mm　1/16　　**印　　张：**16
字　　数：22.7 万　　**插　　页：**3
版　　次：2014 年 1 月第 1 版　　**印　　次：**2022 年12月第15 次印刷
书　　号：ISBN 978-7-213-05865-3
定　　价：49.90 元

如发现印装质量问题，影响阅读，请与市场部联系调换。